中国民间文艺之乡
系中国民间文化遗产抢救工程系列成果
河南鲁山
于2013年被中国民间文艺家协会命名为"中国墨子文化之乡"
并在鲁山建立"中国墨子文化研究中心"

《中国民间文艺之乡》总编委会
　　总顾问：冯骥才
　　总主编：潘鲁生　邱运华
　　编委会委员：潘鲁生　荣书琴　侯仰军　李倩　徐岫鹃　孔宏图　张礼敏
　　　　　　　　尹兴　姚莲瑞　周小丽　王素珍

《中国墨子文化之乡——河南鲁山》编辑委员会
　　主　编：郭伟宁
　　副主编：袁占才　石随欣　晏文轩
　　编　委：裴晓艳　王霄菲　郭宇朋
　　摄　影：鲁山县摄影家协会

中国墨子文化之乡
河南鲁山

主编 郭伟宁

中国文联出版社

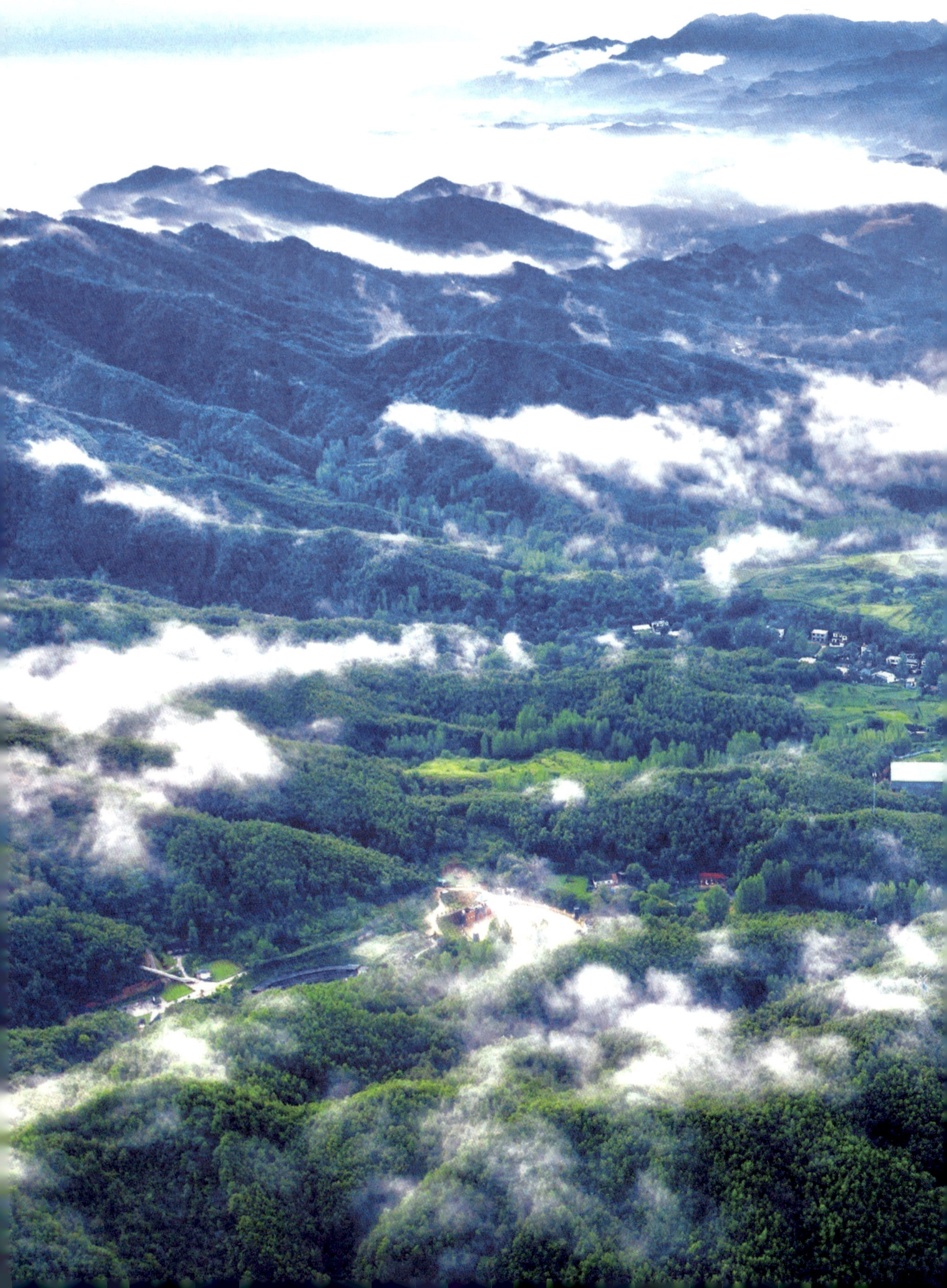

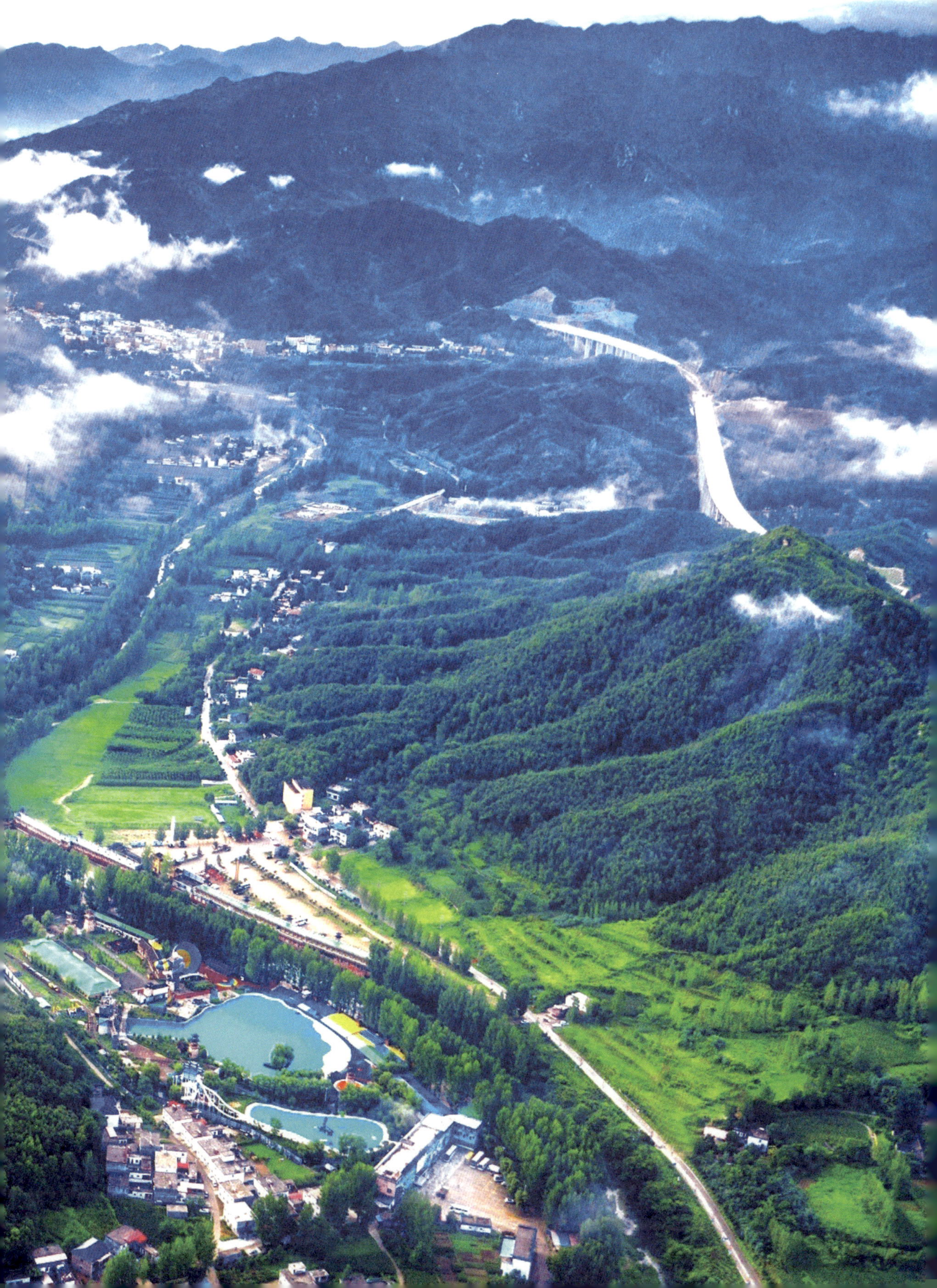

图书在版编目（ＣＩＰ）数据

中国墨子文化之乡：河南鲁山 / 郭伟宁主编. -- 北京：中国文联出版社，2024.2
　ISBN 978-7-5190-5444-1

Ⅰ. ①中… Ⅱ. ①郭… Ⅲ. ①墨翟（前468-前376）－哲学思想－研究②文化史－鲁山县 Ⅳ. ①B224.5②K296.14

中国国家版本馆 CIP 数据核字(2024)第 039520 号

中国墨子文化之乡——河南鲁山

（Zhongguo Mozi Wenhua Zhixiang—Henan Lushan）

主　　编　郭伟宁
责任编辑　王素珍　王小陶
责任校对　秀点校对
装帧设计　王熙元

出版发行　中国文联出版社有限公司
社　　址　北京市朝阳区农展馆南里 10 号　　邮编　100125
电　　话　010-85923025（发行部）　　　010-85923091（总编室）
经　　销　全国新华书店等
印　　刷　北京顶佳世纪印刷有限公司

开　　本　787 毫米×1092 毫米　　1/16
印　　张　13.5
字　　数　211 千字
版　　次　2024 年 2 月第 1 版第 1 次印刷
定　　价　88.00 元

版权所有·侵权必究
如有印装质量问题，请与本社发行部联系调换

乡村重建与民间文艺之乡建设

潘鲁生

《中国民间文艺之乡》丛书是我国民间文化遗产抢救工程的重要组成部分，以中国民间文艺家协会命名的遍布全国的"中国民间文艺之乡"和"民间文化传承基地"为基础，忠实记录了我国各地各民族独特的民间文艺，较为形象立体地展示了这些地区的民间文化遗产全貌，以生态性、民间性、地域性为特色反映了我国传统民间文艺的发展态势。书的名称采用"文化之乡名称+地名"，一乡一卷，各卷独立成册，如《中国天河七夕文化之乡——湖北郧西》《中国民间文艺麒麟之乡——广东樟木头》《中国扑灰年画之乡——山东高密》等，是对各文艺之乡普查性的书写，内容包括文艺之乡基本情况、民间文化遗产、民俗生活等方面的信息，所调查记录和编写的信息翔实而准确。作为中国民间文艺家协会主持的中国民间文化遗产抢救工程的成果之一，丛书是对中国民间文化的一次大规模、系统的、科学的梳理，将为中国丰富的民间文化建立完善翔实的档案资料，具有较高的学术研究价值和社会价值，也是文化工作者、专家、艺术家和普通读者了解中国传统民间文化艺术，了解地方乡土文化的必读书。

《中国民间文艺之乡》丛书的出版在中国民间文化研究领域尚属首次，具有重要意义。近百年来，我国社会历史发展进程中贯穿着对乡村命运的关切，"乡村社会向何处去？如何守护传承乡村文明？"是一个深刻的发展命题。从20世纪30年代的乡村建设思潮，到新世纪以来，中央连续多年以"一号文件"的形式出台政策，一直关注农村问题。近年来国家高度重视农村文化建设，进一步关注决定中国乡村命运的乡村地位问题，从中华民族历史与文化的高度强调乡村是中国文明之根。习近平总书记在2013年7月调研时强调："农村绝不能成为荒芜的农村、留守的农村、记忆中的故园。"2013年12月中央城镇化工作会议提出，中国城镇化要"让居民望得见山、看得见水、记得住乡愁"。在2015年1月指出："新农村建设一定要走符合农村实际的路子，遵循乡村自身发展规律，充分体现农村特点，注意乡土味道，保留乡村风貌，留得住青山绿水，记得住乡愁。"2015年中央一号文件明确提出"传承乡村文明"，在新农村建设中要"创新乡贤文化，弘扬善行义举，以乡情乡愁为纽带吸引和凝聚各方人士支持家乡建设，传承乡村文明"。可以说，乡村是中国五千年文明传承之载体，是中国文化传承与发展之根，乡村文明是中华文明的基础。在经济发展、实现温饱的背景下，中华民族的精神追求与文化传承越来越重要。追本溯源，源头在乡村。乡村是中国人的精神归属、记得住乡愁的家园。中国民间文艺之乡的发展基础在乡村、在社区、在基层，是对民族精神文化家园的守护。

一、增强乡村文化自信

一段时期以来，我们的乡村文明、乡土文化存在不同程度的断裂和瓦解，包括传统村落、民俗民艺、民间传承人等文化资源急剧流失，乡土文化的凝聚力不断减弱，乡村"空心化"问题较为严峻。社会发展需要共有的历史记忆、情感维系、文化寄托和凝聚，无论是城市还是乡村，即使物质上富有，如果精神上匮乏，仍然难以为继。从这个意义上说，重建乡村是一个精神文化工程，重建的是民众心灵的故乡。开展乡村重建，发展民间文艺之乡，也在于从更深层次上续存包括乡愁记忆、民间信仰、礼仪习俗、道德追求在内的精神纽带，增进人文关怀，提升我们民族民间文化复兴发展的内在动力。

我们要充分认识乡村文明的当代价值，增强乡村文化自信，保护好民间文艺传承发展的生态基础。要从全局意义上认识民间文艺之乡建设，在民间文化传承发展的源流与变迁、新型城镇化的必经历史进程、乡村重建与乡土文化生态以及特色文化对地方发展的驱动效应等更加宏观和综合的层面，为民间文艺之乡建设厘清脉络、找准定位。要从最基层、最具体的工作层面，共同研究和分析具体的民间文艺样态在传承保护与发展过程中面临哪些困境和难题，有哪些行之有效的办法，以及怎样把我们的保护和发展理念落实为最具体的措施。要围绕乡村重建，加强民间文艺之乡的认定、建设与发展，要加强地区乡土教育，发掘地方民间文艺特色，编纂民间文艺的"乡土教材"，推进民间文艺进课堂，开展"民间文艺进校园"活动，加强民间文艺知识普及、民间文艺情感培养，增强乡土文化的自觉和自信。

二、激发民间文艺活力

发展民间文艺之乡，还要扎实做好民间文艺的保护与传承，积极创造条件，激发传统民间文艺活力。民间文艺不同于精英文艺，它来自生活，依托于生活，是生活的艺术。伴随我国社会转型和产业重点转移、人口城市化流动、生活方式和价值观变化，传统民间文艺的生活基础在发生改变。比如当传统民艺的集体基础相对弱化时，民间文艺创造的万千生活主体会不同程度地演变为传承坚守的艺人个体，原有的广泛蓬勃的文化基础和即时更新的创造力和感染力等相应受到影响。民间文艺之乡建设因此担负着民间文艺振兴的使命，不能局限于民艺样态本身，要关注民众的日常生活，关注民间文艺最广泛的参与者，关注民间文艺的多元载体，在老百姓"过日子"的过程中实现传承、创造与发展，使民间文艺作为一种情感的、审美的纽带，在礼仪互动、经济往来和节日欢歌中得到维系和传承。

激发民间文艺活力，不仅要保护和扶持相对少数的创作主体和传承人，做好重点保护和示范传习，还要进一步关注广大的接受群体和民间文艺的受众，做好普及宣传和推广，扩大队伍，增进认同。不仅要关注民间文艺本身，还要着力培育载体、厚植土壤，包括年节习俗、人生礼仪等时间载体，以及相关的传统村落、传统民居、庙宇宗祠等文化空间载体，还有与民间文艺发展水乳交融的歌墟集市、手艺劳作、乡戏娱乐等活动事项。比如要充分认识传统生活中节气以及与岁律相合的传统节日作为民间口头文学、民间戏曲、民间歌舞、民间美术、民间工艺等生成土壤的重要意义，进一步还原和培育传统节日里丰富的民间文艺内容，在当下生活空间中进一步充实民间文艺活动。比如有计划地恢复和培育优秀民间礼仪，增强传统文化认同与情感维系，培育民间文艺应用的文化空间，以及深刻认识民间文艺与传统村落、居民、生活的依存关系，推动传统村落保护，促进恢复传统民居营建等，保护民间文艺的丰富性，等等。要着力推动地方特色文艺在农村和城乡社区扎根，开展传习、展演等群众文化活动，并针对不同群体和地方民间文艺样式因地制宜实施传承计划，使普通民众成为传统民间文艺传承的重要基础，使民间文艺成为社会、社区和民众自然、和谐、稳定、有序、良好互动的重要纽带，增强文化认同与凝聚。同时，积极吸收群众创作成果，培育民间文艺繁荣的基础。总之，要扎根生活去研究，关心农村和社区群众，让民间文艺的发展充满生机活力。

三、创新民间文艺发展路径

建设和发展民间文艺之乡，要着力推动民间文艺的创造性转化与创新性发展，积极探索当代生活需求相适应的多元发展路径。1996年，在山东烟台召开的"当代社会变革中的传统工艺之路"研讨会上，发布了《保护传统工艺 发展手工文化》的倡议书，提出"中国手工文化及产业的理想状态应是：一部分继续以传统方式为人民提供生活用品，是大工业生产的补偿和补偿；一部分作为文化遗产保存下来，成为认识历史的凭借；一部分蜕变为审美对象，成为精神产品；一部分则接受了现代生产工艺的改造成为依然保持着传统文化的温馨的产品。同时，还要建立适应现代生活的新手工文化"。也是在这期间，1997年我们提出启动民间文化生态保护计划，开展乡村调研采风，出版了《民间文化生态调查》丛书。当前，我们仍然要以科学、客观的态度把握相关民间文化的保护与发展问题。不仅要做源头保护，也要做终端利用；不仅要保护艺人等创造主体，也要激活更广泛的受众认同；要加强民间文艺的原生态、衍生态认定，促进民间文艺多元发展。

民间文艺之乡建设尤其要关注以下几个层面：一是对于具有鲜明民族历史文化特色但处于濒危困境的传统民间文艺的传承与活化，要加强文化生态基础研究，制定保护与传承措施，从丰富中华传统民艺存量、续存民艺母本、保持民艺多样性的意义上，促进濒危传统民艺的活化与发展。二是对于与传统民间习俗、民间信仰和新时期的社会主义核心价值观一脉相承、有助于加深民族文化认同、增进民间文化凝聚、有助于丰富人民群众文化生活的传统民间文艺，要从文化建设意义上加以倡导和扶持发展，丰富乡村文化生活，增强民间文化创造力，延续匠心文脉。三是对于发展基础较好、具有较好的传承与生产基础，并有望拓宽发展空间的传统民艺，要进一步丰富题材和品种，提升设计与转化水平，培育知名品牌，提高传统工艺等行业管理水平和市场竞争力，提高从业者收入，提高对城乡创业就业的促进作用，促进传统工艺在当代生活中的广泛应用。不仅要做好"传统工艺振兴"的大课题，同时也要关注移动互联网和大数据为核心的现代数字信息技术的迅猛发展，"移动互联网+社交+大数据"以全新的支撑平台和传播渠道重建大众日常生活方式，重构文化的多元化发展格局，"互联网+"打通了生产价值链和消费价值链，成为相关文化创意产业发展的内生动力。民间文艺要与内容产业有效对接，民间工艺等要关注文化创意产业发展，在适应当代生活中寻求新的发展生机。

总之，乡村重建与民间文艺之乡发展是历史潮流中的自觉之举，是对民间文化使命的担当。我们要以更宽广的文化视野、更坚定的文化自信、更包容开放的胸襟投入到这项事业中来，共同守护民族的文化乡土，用民间文艺的纽带增进认同、涵养心灵，实现民族文化创造力的复兴。

在《中国民间文艺之乡》丛书付梓之际，是以记之。

丁酉小满于泉城

目 录 >>>

序言

第一章　山川秀美　文脉绵长　　　　　　　　　　001
　　第一节　天泽神韵　资源独具　　　　　　　　002
　　第二节　千年古县　文化厚重　　　　　　　　012
　　第三节　群星璀璨　名人辈出　　　　　　　　019
　　第四节　城市名片　光灿亮丽　　　　　　　　032

第二章　史载有据　墨著有出　　　　　　　　　　053
　　第一节　志书有记　学者有考　　　　　　　　054
　　第二节　考古有据　故里有碑　　　　　　　　056
　　第三节　墨子活动　多在楚国　　　　　　　　060
　　第四节　墨子之鲁　根在鲁阳　　　　　　　　062
　　第五节　墨子鲁班　四次比巧　　　　　　　　068

第三章　遗存丰厚　遗迹遍鲁　　　　　　　　　　075
　　第一节　生于尧山　地名烙印　　　　　　　　076
　　第二节　灵凤山前　坑染记忆　　　　　　　　078
　　第三节　出入鲁阳　隐居著述　　　　　　　　081
　　第四节　传道授艺　诸多遗迹　　　　　　　　087
　　第五节　交结挚友　地名颂传　　　　　　　　090
　　第六节　德昭古今　祠庙众多　　　　　　　　094

第四章　桑梓情怀　墨子遗风　　　　　　　　097
第一节　文化巨柱　方言写作　　　　　　098
第二节　墨家遗风　行侠劝善　　　　　　106
第三节　百工圣祖　农耕发明　　　　　　109
第四节　墨子烙印　渗入习俗　　　　　　110

第五章　传说歌谣　口口传唱　　　　　　　　119
第一节　墨子传说　列入非遗　　　　　　120
第二节　传说摘录　故事遴选　　　　　　123
第三节　民间歌谣　传唱墨子　　　　　　156

第六章　传承有序　异彩纷呈　　　　　　　　161
第一节　历久弥香　鉴往知来　　　　　　162
第二节　墨学活动　成果丰硕　　　　　　165
第三节　墨子文化　文艺呈现　　　　　　181

第七章　文化之乡　魅力无限　　　　　　　　187
第一节　自然与人文融合发展的墨子文化旅游　188
第二节　墨子文化与旅游融合发展　　　　192
第三节　保护现状与发展规划　　　　　　194

序 言

程健君

鲁山县文联主席郭伟宁女士主编的《中国墨子文化之乡——河南鲁山》即将付梓，嘱我作序。我因去岁偶患寝疾，疏于案牍之劳，凡遇命我作序的，多是婉言相拒。然而无论于这本书，还是于伟宁主席而言，我不忍也不愿拒绝，甚至是非常乐意的。之所以乐意为这本书啰嗦上几句，概而言之，其因有三。

仔细阅读发现，这本书主线明晰，内容充实，论述精当。它细致梳理了历史上被称作"西鲁"的千年鲁山绵长文脉，详尽记述了这片热土上墨子文化迷人的魅力，深刻昭示了墨子被这片热土孕育滋养的历史必然，彰显了墨子文化的重要时代价值，是一部不可多得的地方历史文化著述，体现了编者多年潜心研究墨子文化而积水成渊的深厚造诣。其著述立言，当归属"三不朽"，是能够传之久远的。此为一。

鲁山历史悠久，钟灵毓秀，是战国初期平民圣人墨子故里，也是中国民间文艺家协会命名的中国墨子文化之乡，墨子文化底蕴深厚、丰富多彩。这得益于鲁山活跃着一批倾情挖掘、传承、弘扬墨子文化的地方历史文化学者。他们不计名利，孜孜以求，开展了大量卓有成效的墨子文化活动，编辑出版了不少有关墨子文化的图书，可谓功莫大焉，常常令我为之动容。此为二。

老家河南，民间文艺之乡数量在全国独占鳌头，数量有六七十家。这些民间文艺之乡各具魅力，其传承弘扬都有可圈可点之处。可我还是偏爱鲁山。鲁山拥有两个中国民间文化之乡金字招牌，另有多项"国字号"文化元素。多年来，鲁山克服了财政困难、专业研究人员短缺等不利因素，民间文化之乡建设风生水起，兼有多部研究专著为之增色，为其他文化之乡建设树立了典范。此为三。

墨子文化是一棵大树，深深根植鲁山这片沃土，因精心培植而枝繁叶茂。我曾多次前往鲁山考察，参加县文联主办的文化活动，亲睹这棵大树由萌发而到参天，开出明艳的花朵。《中国墨子文化之乡——河南鲁山》是这棵大树上结出的果子，味道醇厚香甜，养人呢！

是为序。

2024 年 1 月 16 日

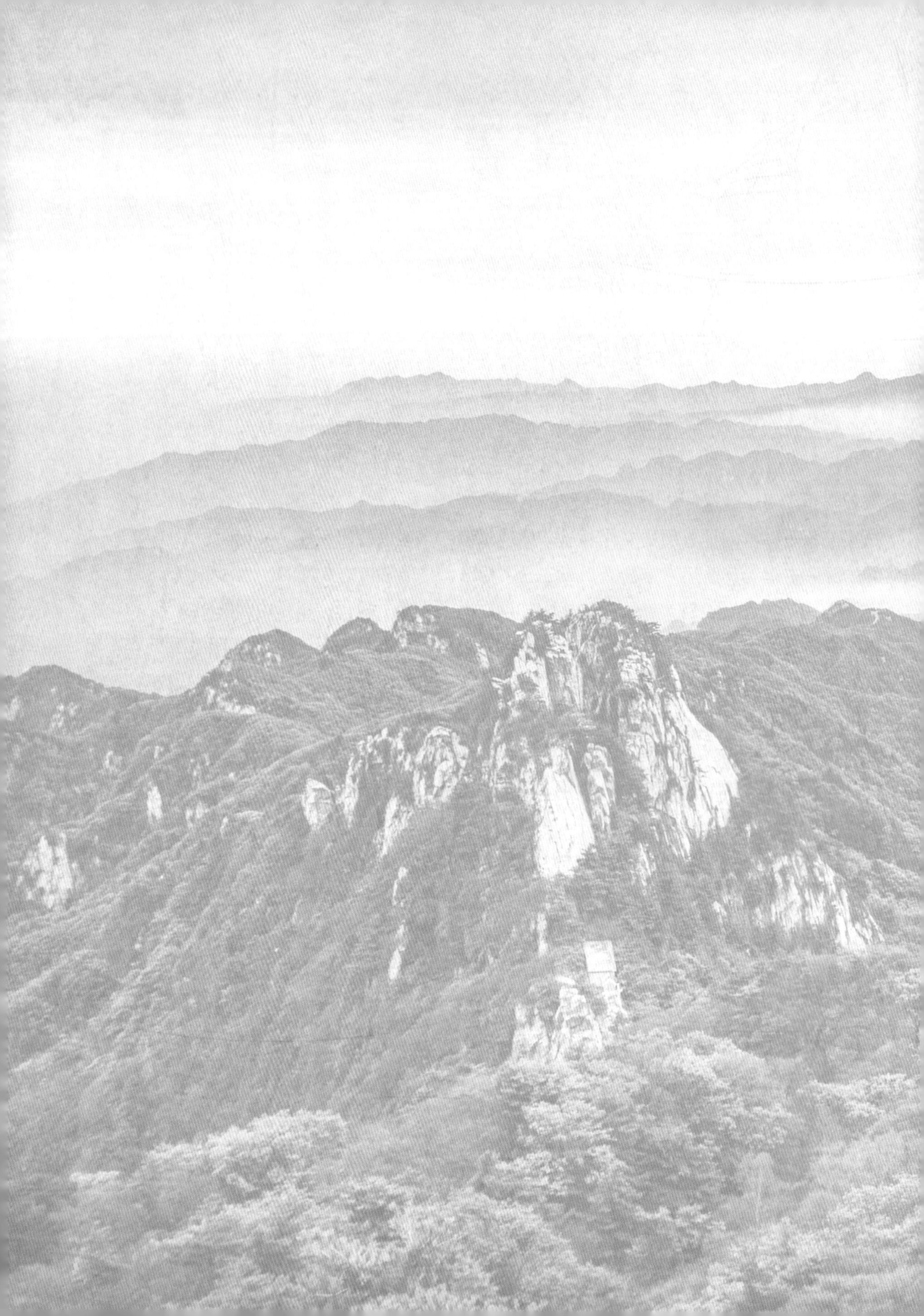

第一章
山川秀美 文脉绵长

鲁山,山川秀美:巍巍尧山,怀峦抱嶂,悠悠鲁峰,意蕴无穷

鲁山,文化璀璨:厚重历史,名播华夏;楚韵汉风,独领风骚

鲁山,南控宛襄,北扼伊洛,历为咽喉要道、战略重地

在这里,我们可以追寻到开启中华古文明之密钥

第一节 天泽神韵 资源独具

（一）区位重要 交通成网

鲁山，地在北纬33°34′—34°00′、东经112°14′—113°14′，居河南省中部偏西南，是八百里伏牛山的东大门。古老的鲁山县城，处在县境中部偏东。

淮河有一条重要支流，叫沙河，古称滍水，就发源于鲁山西部的尧山。这条河由西向东，贯穿全境。

最美石林路

鲁山，东邻宝丰、叶县、平顶山市新城区，西接汝阳、嵩县，南邻方城、南召，北靠汝州、宝丰和平顶山市石龙区。县西陲之尧山，为三个地市的分界山：南为南阳，北为洛阳，东为平顶山。在尧山玉皇极顶，南眺宛襄广袤无垠，北望伊洛帝都之气，东瞻平顶山浮光耀金。南坡水流向白河，入汉水，汇入长江；北面，伊河蜿蜒，过伊阙，注黄河；往东看，滍水东走，打一个漩，聚一泓昭平湖，歇一歇脚，凝一碧白龟湖，去了淮河。

鲁山，西通山陕，东连黄淮平原，北望古都洛阳，南与南阳相接，是豫西门户之地，历代被兵家视为战略要地，有"北不据此，则不能得志于宛襄；南不得此，则不足以争衡伊洛"之说。古三鸦路上，曾出土石刻："南连巴蜀，北通秦晋。"

鲁山，交通便捷。焦柳铁路、郑万高铁两条铁路纵贯南北，S88 郑栾高速、G55 二广高速以及正在建设中的焦唐高速、叶鲁高速四条高速纵横交错，G311 徐峡线、G207 乌海线、G329 舟鲁线三条国道和 7 条省道（S233 焦桐线、S234 焦新线、S237 沁新线、S240 济邓线、S324 郸汝线、S325 漯嵩线、S520 熊四线）相贯互穿，连同规划筹建中的鲁山机场，构成鲁山多元立体交通通道。

（二）地貌多变 气候温和

鲁山地势，西高东低。西、南、北三面环山，东为平原。

鲁山地貌复杂，类型多变，有山地、丘陵、平原、河流、湖泊等。最高处，尧山玉皇顶海拔 2153.1 米，最低处海拔 90.1 米。辖区总面积 2409.21 平方千米，其中山地面积 1082.4 平方千米，占总面积的 44.9%；丘陵面积 886.56 平方千米，占总面积的 36.8%；平原面积 440.25 平方千米，占总面积的 18.3%，素有"七山一水二分田"之称。

鲁山，位居伏牛山东麓，淮河流域颍河水系沙河上游，亚热带与暖温带在此交汇，典型的大陆性季风气候，四季分明。冬春多西北风，夏秋多东南风。气候温和，年平均气温 14.8 摄氏度，最高气温超 40 摄氏度，最低气温 −18 摄氏度。年降雨量 1000—1200 毫米。

鸟瞰鲁山路路通

境内河流众多，水资源丰富，主要由降水补给，多集中在夏秋两季，时空分布不均。过境河流有荡泽河、澎河、大浪河等，境内控制面积262.08平方千米；平均径流深305毫米，平均过境径流量7160万立方米；丰水年径流量11550万立方米，平水年径流量7960万立方米，偏枯年径流量为1970万立方米。全县有水库36座，其中大型1座，中型2座，小型33座，总库容7.86亿立方米；塘、堰、坝152处，总库容0.025亿立方米；地表水资源总量10.4亿立方米；水质达到国家二级饮用水标准；有长度在10千米以上、长年不断流的河流35条。

平原地下水补给，主要为降雨入渗、山前侧渗、渠道侧渗、灌溉入渗。山区地下水，是降雨入渗。

（三）物产丰富 生态良好

鲁山为中国生态魅力县、国家级生态示范区、省级林业生态县，物产多样，资源丰富。

地热资源绵延百里，被誉为"鲁阳神泉"。自西向东，沿沙河两岸，出露五大地热泉，谓之"百里温泉带"。自上而下，泉温递减。北魏地理学家郦道元在《水经注》中赞其"可以疗万疾"。2012年12月，被国土资源部命名为"中国温泉之乡"。

土地资源，有耕地53980公顷，林地14.57公顷，森林覆盖率62.3%，尧山林木覆盖率达95%。

初步探明，县域内矿产资源有金属矿藏金、银、铜、铁、锰等，非金属矿藏有煤、磷、石膏、石墨、萤石、大

红寿带

参天杉树

理石、蛭石、水晶石、硅石、石棉、花岗岩、硬质黏土等42种。其中铁矿石工业储量1569.79万吨，铝土工业储量949万吨，石膏工业储量2亿吨，花岗岩储量10亿—15亿立方米。

动植物种类繁多。野生动物1100多种，列入国家保护动物名录的有羚羊、鹿、獐、雉、野猪等。野生植物，仅种子植物，就有1211种，加上根生植物、蕨类植物，总计4000种以上，列入国家重点保护野生植物名录的有水杉、银杏、华榛、连香树、杜仲、冷杉、云杉、青檀等。尧山国家地质公园中，千年古树在15万株以上。

盛产多种名贵中药材，诸如银杏、辛夷、山芋肉、杜仲、天麻、山药、首乌、丹参、茋肉、石斛、全虫等。辛夷产量居全国第一。全国重点普查的467种

①尧山灵芝
②特产猴头
③屈原庙前千年古柏树
④尧山拳菜
⑤金钗
⑥辛夷果
⑦秋天古柿子树结满果实
⑧生态环境好，动物和谐生活

⑦

⑧

中药材中，鲁山有 242 种。元结故里商余山之"商余灵药"，为鲁山古八景之一，古有"药不经商余不灵"之说。

果类特产，有核桃、板栗、猕猴桃、柿子、葡萄等。

食用菌类，有木耳、香菇、鹿茸、猴头菇、蘑菇等，荣膺"中国香菇之都"称号。

另有桐油、山漆、蜂蜜等。

（四）旅游资源 得天独厚

鲁山为国家生态旅游示范县。自然景观、人文景观极其丰富。

尧山和合峰

画眉谷瀑布

珍珠潭石河

境内，共有旅游资源单体 2378 个，占河南省总旅游资源的 6%，占平顶山市的 56.6%，且资源类型较全，分布相对集中。地文景观、生物景观、水域风光、遗址遗迹、建筑设施、旅游商品、人文活动、天象气候 8 个主类景观均有。重点分布在县城周围和西部山区。

好运谷风情

第一章 山川秀美 文脉绵长

中国墨子文化之乡——河南鲁山

尧山胜景

A 级旅游景区 11 家。其中，国家 5A 级景区 1 家，4A 级景区 3 家，3A 级景区 7 家。

国家 5A 级风景名胜区尧山——中原大佛景区：因尧裔孙刘累为祭祖立尧祠而得名。战国时，思想家墨翟降世于尧山脚下，现有墨子故里遗址。

位于县域西部，地处伏牛山东麓，总面积 268 平方千米。因尧山上有众多石峰酷似人形，故当地群众也称"石人山"或"石人垛"。主峰玉皇顶为

六羊山祖师顶

国家级自然保护区、国家重点风景名胜区、"河南十佳风景名胜区"、"河南十佳旅游好去处"、"河南最美地方"。2011年11月,入选国家地质公园。

年均温10摄氏度左右,有"六月不热疑春秋"的特点。景区内,奇峰林立,怪石纷呈,清溪碧潭,飞瀑流泉,河道纵横,为沙河之源。古木参天,森林茂盛。海拔1300米以下为落叶阔叶林带,主要为栎类、漆树、山杨等,河谷多为灰楸、核桃、千金榆等;海拔1300—1800米为针阔叶混交林,多油松、白桦、椴树、榛子、水曲柳等;海拔1800米以上多针叶林,有华山松、铁杉、冷杉等。

集"雄、险、奇、秀、幽"于一体。云海雾涛,红叶日出,五黄十绿,春夏秋冬四季可赏,是旅游观光、避暑疗养、休闲娱乐、科研探险的绝佳去处。

4A级画眉谷景区:奇潭秀瀑,流水潺潺,碧波荡漾,有"袖珍三峡"之美誉。尤以杜鹃峡谷,为游人所称赞。

3A级景区:好运谷,奇石秀水,天造地设,似浓缩的自然山水盆景。龙潭峡,石壁陡峭,飞瀑叠落;命名景点98处,尤以一林、二溪、三峰、四洞、五奇、六瀑、七潭、八石、九果、十树著名;曾为电影《墨子》外景拍摄地。

昭平湖景区:原名昭平台水库。因东汉光武帝刘秀,在此拜始祖刘累筑台招兵而名,为华夏刘姓起源地,是国家水利风景区、省级风景名胜区、河南十大最美丽湖之一。控制流域面积1430平方千米，蓄水量7.27亿立方米，是淮河流域、沙河上游第一座集防洪、灌溉、发电、养殖、工农业供水为一体的大型水利枢纽工程。

鲁山，步步生奇，处处可看、可赏。入山林，每一处景，皆令人叹为观止。峡谷漂流、中国墨子文化旅游区、阿婆寨、尧山滑雪乐园、林丰庄园、六羊山、天龙池、想马河等，皆美不胜收。豫西革命纪念馆、豫陕鄂人民军政大学旧址、豫西党委整风会议旧址等，为爱国主义教育基地。山岳休闲、温泉度假、水域风景、红色基因、历史文化、农业观光，各类旅游群体，都可寻到最佳去处。

第二节 千年古县 文化厚重

鸟瞰鲁山县城

（一）建置多变 数度辉煌

鲁山，古称鲁阳，因故城地处鲁山之阳而得名。

夏代，鲁山为尧之裔孙刘累邑。周初属王畿地。武王十一年（前1066），鲁阳为周公初封地，是为西鲁。鲁阳，成为春秋战国时期鲁国的发轫。

春秋时，鲁阳先后属郑、楚。战国时历属楚、魏，终属秦。秦时属三川郡。汉置鲁阳县，属荆州南阳郡。三国时属魏。晋时属南阳国。南北朝时，初属南朝宋，后属北魏。北魏太和十一年（487），改鲁阳县为山北县，属北魏；太和十八年（494），改置荆州；太和二十二年（498），置鲁阳郡，领山北县、河山县。

永安二年（529），罢荆州改置广州，领郡七：鲁阳、南阳、顺阳、定陵、汝南、广汉、襄城，境域远涉四川、甘肃、陕西、湖北等省，一度成为区域中心，引领辉煌。鲁阳郡治所在山北县，属东魏。开定中，徙广州于襄城，属西魏。时，仍置广州。西魏时，罢郡复置广州，后改为鲁州。隋大业初废鲁州置鲁县。唐武德四年（621）又置鲁州；贞观元年（627）州废设鲁山县，属伊州；贞观八年（634），伊州改称汝州，鲁山始属汝州，直至民国初年。民国三年（1914）属河南河洛道，民国二十一年（1932）至民国三十六年（1947）10月，属河南省第五行政督察公署。

1947年11月，中国人民解放军解放鲁山县后，属豫陕鄂边区行政公署第五专署。1948年6月，豫陕鄂边区建置撤销，置鲁山市，直属豫西行政公署。1949年2月，撤鲁山市和豫西区，属许昌地区行政公署。1983年12月，始属平顶山市至今。

鲁山县辖13个乡、7个镇、4个街道、1个办事处、2个中心、557个村（社区）。县境东西最长处90千米，南北最宽处44千米，总面积2432.23平方千米。2022年年末全县总人口102万。鲁山为少数民族散杂居地区，有回、满、蒙古、藏等33个少数民族。少数民族在地域分布上具有大分散、小集中的特点。

（二）千年古县 文明肇始

鲁山，乃千年古县，全国文化先进县。历史悠久，文化厚重。听一听传说，

望城岗冶铁遗址

多是远古神话；翻一翻历史，可寻秦砖汉瓦。

石器时代，鲁山即有人类活动。2021年9月，在观音寺仙人洞遗址，发现距今3.2万年的人类头骨化石。这是目前河南已知年代最早的早期现代人化石。

炎黄五帝时期，鲁山是我国史前三大民族集团之一——华夏集团的重要活动地域。

鲁山曾出土祖辛爵。祖辛是商朝中前期的君主，说明鲁山或为商代地望所在。

昭平湖邱公城有龙山文化、仰韶文化遗址。

仓头乡曾发现西周古墓群，出土大量青铜器。

鲁山境内，古迹众多，遗存形态较好。现有全国重点文物保护单位5处（元次山碑、汉代望城岗冶铁遗址、唐宋段店瓷窑遗址、豫陕鄂前后委联席会议旧址、豫陕鄂人民军政大学旧址），省级重点文物保护单位11处，县级文物保护单位133处。

鲁山，为华夏文明的滥觞之地。远古时，这里茫茫一片，后人叫它鲁阳湖。其后，火山爆发，地壳运动，湖底隆起，山川秀出。水流汤汤，蚩尤带领部族，渔猎农牧，制陶养蚕，繁衍生息。再后，这位牛头人身、豪爽英武的战神开始拓展疆域，攻城略地，与轩辕黄帝战于涿鹿之野，强强相依，共筑华夏文明。滍水之名即由蚩尤而来。鲁阳太守郦道元在《水经注》

①西周祖辛爵
②西周提梁铜壶
③西周云雷纹铜爵
④西周云雷纹铜觯
⑤鲁山花瓷花浇

汉代冶铁文化遗址

上说滍水"发源岩穴,潆沆洋溢,箭驰飞疾者也"。

鲁山,历为兵家必争之风水宝地。周唐时,属洛都京畿之地。春秋战国为楚之北陲。楚庄王为保安全,在鲁山周围的峰岭山脊上修长城打边墙,故此,鲁山楚长城为长城鼻祖。

鲁之东南,西周时为族姓古国。其后建犨邑犨城,历经千年。中国最早的一座屈原庙建在犨城。大量史料和民俗佐证,犨城是屈原的第二故乡。有专家提出:屈原故里在鲁山。

鲁之南熊背与南召交界处有鲁阳关,传说王莽一路追杀刘秀,因乌鸦在鲁阳关古路上为刘秀引路,刘秀才逃过劫难,终成一代帝王。

鲁山人虽不喝长江黄河水,却是属过长江流域再属黄河流域,今又归淮河流域。难怪,鲁山人口音风俗兼容并蓄。

鲁山有无数幅远古的画卷,最亮眼的是仓颉。墨子、鲁班生于鲁山,班、墨被誉为"双圣全璧"。

鲁山花瓷花浇

花鼓

第一章 山川秀美 文脉绵长

泥土升华，鲁山段店花瓷，在中国的陶瓷史上意义非常重大，它是由低温窑变到高温窑变的华丽转身，受到唐玄宗的喜爱。

鲁山在周代即开始养蚕织丝，是柞蚕文化之乡。

（三）诸多姓氏 根在鲁山

姓氏，是贯古通今的活化石。

河南是中国姓氏的重要发源地，中国万余姓氏，源于河南的约1500个。仅《百家姓》中，就有100多个姓氏源于河南。鲁山作为华夏早期人类居住地之一，有多个姓氏发源于此。

刘姓：源于夏末刘累，其子孙居于鲁地之后，刘氏播徙世界。

刘姓祖庭

世界刘姓祭祖大典

第四届海内外赵氏祭拜始祖造父大典

龙姓：源于神话，出御龙氏之后。刘累为夏帝孔甲养龙，赐姓御龙氏。御龙氏后有龙氏。刘累居鲁山邱公城，其后裔一支为龙姓。

赵姓：源出嬴姓，始祖造父。远祖可追溯到4000多年前的少昊。少昊后裔伯益掌管火种，驯养兽鸟，助禹治水有功，得姓嬴。伯益后裔造父，是西周时驾驭马车的能手，周穆王封造父为御马官，专管天子车舆。在平定徐偃王叛乱中，造父立下大功，周穆王把山西洪洞赵城封赏给他，造父即以赐地为姓。鲁山西部山区，是造父早年选马、老年牧马的活动区域。《史记·卷四十三·赵世家第十三》载："造父取骥之乘匹，与桃林盗骊、骅骝、绿耳，献之缪王。"造父捕获名马所在的桃林，位于鲁山尧山镇桃林村周围，即十八垛原始森林景区内。造父功成名就，年老力衰，萌生归隐之念，遂向周穆王请辞。周穆王感念造父之功，不忍他离去，即命造父放马鲁山桃林。

造父墓位于赵村镇宽步口金马沟。

近年，平顶山市成立有造父文史研究会，出版有《赵姓通史》《造父与鲁山》，书中详细记述了造父归隐鲁山的史实。

墨姓：源于墨子。墨姓出自炎帝姜姓。墨子的父祖辈，为伯夷、叔齐后之竹氏，为避难改为墨氏。墨子是竹氏"百工"的后代，父祖辈参与"王子朝作乱"，兵败奔楚，隐匿鲁山。

鲁、鲁阳姓：鲁之地名，史载最早的，即鲁山之"鲁"。《辞源》："鲁，姓。周公旦留相武王，子伯禽乃就封于鲁，至顷公而国亡，迁于下邑，子孙因以为氏。"武王灭商，分封诸侯，周公长子就封鲁阳，为鲁侯。是时，鲁阳为鲁国国都。武王卒，成王年少，周公辅佐。纣子武庚勾结管叔、蔡叔、霍叔，联合东方的徐、奄、蒲、姑等叛乱。周公东征，成王践奄（山东曲阜）。伯禽再封于奄，为鲁公。鲁国国都于鲁阳迁奄。伯禽之后人以鲁为姓。

鲁山是鲁姓之根。春秋时，楚公族有鲁阳复姓。

蛊姓：炎帝部族一支，居于滍水沿岸，鲁山遂为蛊姓之源。

应姓：《通鉴·地理通释》："应，姬姓，武王子，封汝州鲁山县。"应国旧墟在鲁山东部。当时居应地的应侯后裔，皆以应为姓。

（四）革命圣地 红色赓续

鲁山是革命老区，红色资源丰厚。

1928年，中国共产党即开始在鲁活动。

1929年，建立党的组织。

豫西革命纪念馆

1934年11月，红二十五军长征途经鲁山。红军纪律严明，惩治恶霸，留下佳话。

1942年4月至1944年3月，国民党省政府移驻鲁山，鲁山为河南战时省会。

抗战时期，鲁山建立中共鲁山县委，辖6个总支、9个支部、1个直属小组，并在鲁山西北部山区建立了县、区抗日民主政权。

解放战争时期，豫陕鄂边区、豫西区党政军领导机关在鲁山建立。

1948年4月25日，邓小平在鲁山福音堂召开的"豫陕鄂前委和后委联席会议"上，作题为《跃进中原的胜利形势与今后的政策策略》报告。这一报告，被专家们论证为是邓小平市场经济思想理论的基础，是社会主义市场经济理论的萌芽。鲁山也被誉为"河南的西柏坡"。

1949年2月，豫西区党委书记张玺在鲁山宣布撤销豫西区党委，成立中共河南省委，随后河南省委迁往开封。

解放战争时期，邓小平、刘伯承、陈毅等革命家曾在鲁山战斗生活。

今鲁山县城保留有豫西革命纪念馆、邓小平市场街、豫陕鄂人民军政大学旧址、豫西区整党会议旧址等多处红色遗址。

豫陕鄂前后方工作委员会旧址、豫陕鄂人民军政大学旧址2处被确定为国家级文物保护单位；豫西整党会议旧址、吴镜堂故居2处被确定为省级文物保护单位。

1958年5月，毛泽东主席为《鲁山报》亲题报头。全国县级报纸中，唯鲁山享此殊荣。

文化内涵深邃，让鲁山人的心儿荡起无限涟漪。巡礼山水鲁山，穿越鲁山厚重历史文化。冥冥之中，历史在给鲁山一把密钥，让我们在这里开启中华之古文明。

第三节 群星璀璨 名人辈出

鲁山，物华天宝，地灵人杰。这块热土，创造了无数文化奇迹，可谓独领风骚，蔚为大观。

这里是牛郎故里、织女情地。

这里是春秋战国思想家墨翟、唐代文学家元结、宋代抗金名将牛皋、现代作家徐玉诺的故里。

2007年3月30日《河南日报》"厚重河南·解读中原"《诗文文化：中国文学的源头和高峰》通版文章中，左首竖排6幅河南古代作家像，分别为墨子、庄子、韩非、谢灵运、李商隐、邵雍；右首竖排6幅河南现代作家照，分别为徐玉诺、冯沅君、曹靖华、穆青、魏巍、李准。

2008年，平顶山市评选"鹰城十大历史名人"，鲁山占了4位，分别为刘累、墨子、元结、牛皋。仓颉、鲁班因传说成分太浓，未选入。

2013年，鲁山县评选十大历史名人，分别为刘累、墨子、元结、元德秀、牛皋、王磐、买壮图、任应岐、徐玉诺、王恩九。

这些人，不唯在鲁山有名，放在中华民族的进步史中，放在人类的发展史中，亦贡献大焉。

（一）字圣泽惠 文祖仓颉

仓颉，上古传说中人物，轩辕黄帝左史官，造字祖先，被尊为"文祖""字祖"。出生并卒葬于仓头乡。仓颉祠集仓颉出生地、造字台、旧居和陵墓为一体。仓颉陵的一墓三坟及附近的新石器时代文化遗址、西周古墓群、大禹墓、楚

仓颉塑像　　　　　　　　仓颉祠古树

长城、文殊寺、弥陀寺，构成了一部古朴凝重的上古文化史。仓头乡先后筹资铸造仓颉通体铜像、汉白玉像，整修仓颉祠。颂圣贤之伟功，祈神州之康宁，促文旅之交融，为弘扬汉字文化，迄今，鲁山已连续举办七届"世界汉字节"。

2019年，中国关心下一代工作委员会健康体育发展中心规范汉字书写办公室、书写中国专家团在鲁山发起确认"汉字书写日"，设立每年的农历三月二十八仓颉诞辰日为"汉字书写日"。

2021年，河南省民协命名鲁山县为"河南省仓颉文化之乡"。

（二）刘姓根地　始祖刘累

刘累，中华刘姓始祖，尧帝十六代孙。夏朝人，夏帝孔甲时，刘累为孔甲养龙，深受嘉许。孔甲七年，刘累所养一龙死，刘累将龙肉做成美食献于夏王。

中华刘姓始祖苑

夏王索食不已，刘累惧遭孔甲迫害，迁居鲁山。其故邑在今昭平湖中的邱公城。《左传》《竹书纪年》《后汉书》《水经注》《南都赋》均有记载。

张衡《南都赋》："远世则刘后甘厥龙醢，视鲁县而来迁。奉先帝而追孝，立唐祀于尧山。固灵根于夏叶，终三代而始蕃。"《后汉书·郡国志》："鲁阳有鲁山，有尧山，封刘累，立尧祠。"《水经注·滍水》："滍水出南阳鲁阳县西之尧山，尧之末孙刘累，以龙食帝孔甲，孔甲又求之，不得。累惧而迁于鲁县，立尧祠于西山，谓之尧山。"

刘累所居邱公城，是鲁山最早古城址，有新时期仰韶、龙山文化堆积层。刘累墓冢在邱公城东北招兵台山上，当年刘秀曾在此筑台招兵，以复汉室。

今刘累陵园，规模恢宏，位于县城西30里昭平湖畔，为世界刘姓寻根地。

（三）兴利除害　圣人墨子

墨子（约前480—约前389），名翟，春秋战国思想家、政治家、科学家、教育家、社会活动家，墨家学派创始人。尧山镇人。墨翟主张"兼相爱，交相利""兴天下之利，除天下之害"，也即合作双赢，构建和谐。国家富强、人民兴旺、

墨子雕像

开门迎客：诵墨经，行迎宾礼

第一章　山川秀美　文脉绵长

政治廉明，是他主张要达到的目的。他处处为平民着想，倡导饥者得食，寒者得衣，劳者得息；主张尚贤、尚同、非攻等。"儒墨"并称"显学"，可见墨学深得人心。

墨子著作71篇，现存53篇。墨子著《墨经》361条，分《经上》《经下》与《经说上》《经说下》，概括了墨子及墨家认识论、逻辑学、经济学和自然科学的研究成果。其中包括中国最早的关于几何学、力学、光学方面的一些知识，是我国历史传统文化精髓之一。

清代进士、考古家毕沅和武亿对墨子生平都有详尽阐述，清嘉庆《鲁山县志》和民国《鲁山县志》对墨子均有较翔实记载。

鲁山境内，有墨子坊、墨庙、相家庄、黑隐洞等20余处遗址，均为文物保护单位。墨子生平故事、墨子与匠祖鲁班交往、墨子与鲁阳文君交好、墨子教授生产技艺遗迹、墨子归隐著书等传说，在鲁山妇孺皆知。祭拜墨子、墨子过生日传统、坑布习俗、着黑衣、节葬、互助、木匠风俗等，世代相袭，千年不绝。

（四）鲁之巧人 匠祖鲁班

妙手铸大成，绝技出匠哲。鲁班与墨子，鲁山两位至巧人也。

传说墨子和鲁班比巧处

鲁班，公输氏，名般，又称公输盘、公输班，史称公输子。"般""班"同音，古时通用，故后人称其鲁班。

鲁班，春秋时鲁阳（河南鲁山）人，中国木工工匠开山鼻祖。传说锯、曲尺、墨斗、钩、梯、石磨、滑轮、锁钥皆为鲁班发明。

与墨子为挚友，比墨子大5—10岁。史书记载，他与墨子有4次比巧的故事。

鲁山有很多地名，诸如墨鲁棋盘石、木匠庄、风筝山、鲁山庙、鲁窑村、鲁班社等，传说都与鲁班有关。

（五）辞悬日月 诗魂屈原

屈原（约前343—约前277）。

《后汉书·延笃传》："延笃，字叔坚，南阳犨人也……后遭党事禁锢。永康元年（167），卒于家。乡里图其形于屈原之庙。"中国屈原学会诸专家认为：这是现存历史文献中关于屈原庙的最早记载。

大量方志记载：犨城为春秋时楚国城邑，东汉置犨县，属南阳郡。准确地说，犨在鲁阳，即今鲁山县张官营一带。

屈原庙最早建于鲁山，虽然不能肯定屈原是鲁山人，但祠庙与屈原生地

屈原塑像

《屈原》特种邮票首发仪式

关系非同一般,也就是说,屈原与鲁山有着千丝万缕的联系。

亦有专家由此提出:屈原故里在鲁山。

(六)大唐贤令 清廉德秀

元德秀(695—754),字紫芝,世居太原,后移居洛阳。唐代杰出思想家、政治家、军事家、文学家、教育家、音乐家。唐开元年间任鲁山县令,因政绩显著,为官清廉,后人称他为鲁山大夫、元鲁山。

德秀执法严谨,待民宽厚,惠及百姓。有一被捕入狱的大盗要求杀虎赎罪,元德秀不怕受牵连,慨然允准。翌日,盗果背虎尸返回,举县感叹。

德秀不畏权贵,犯颜直谏,为民

鲁山琴台阁

琴台阁　　　　　　　　清代琴台

请命。735年，洛阳五凤楼前，德秀冒死献演《于蔿于》，得到唐玄宗高度称赞，为此，鲁山百姓被免除三年赋税徭役。鲁山百姓为感念这位舍生忘死、为民请命的好县令，捐助资金，为其修筑了一座琴台，以示庆贺。此后，元德秀常在琴台上读书弹琴，处理政事，与民同乐。史称"琴台善政"。

德秀为政清廉，将自己大部分俸禄用来救济无依之人。他学识渊博，品德超绝，爱民若子，名重当时，誉满天下，被鲁山人民称为"元青天""元神仙"。

4年任满后，德秀两袖清风，退隐陆浑，传道授业。去世后，嵩县陆浑奉元公庙。唐代文学家李华为其撰《元鲁山墓碣铭》，大书法家颜真卿亲自书丹，散文家、雕刻家李阳冰篆额并雕刻。这块墓碣铭，和元德秀人品一绝，并称"四绝碑"。

元德秀的事迹，被《旧唐书》《新唐书》《资治通鉴》等国史记载。

自唐迄今，有数百位文人大家赋诗赞颂德秀。

今鲁山县城存有琴台旧址，"琴台善政"为鲁山古八景之一。

（七）文武兼备　忠正元结

元结（719—772），字次山，号漫叟，自称浪士，今鲁山马楼商余口人。唐代著名诗人、政治家、军事家。

元结少时倜傥不羁，17岁拜堂兄元德秀，折节向学，唐天宝间，进士及第。参与抗击史思明叛军，保全十五城，立有战功。仅十个月，官升9级。曾任道州刺史、容州刺史，加封容州都督充本管经略使，政绩颇丰。元结文武兼备,忠直方正。一生曾多次出仕,又多次归隐。寄情山水,与民同乐。所到处,留下胜迹,大多成为全国著名风景名胜区。

元结是新乐府运动创始人和古文运动倡导者、践行者。在中国文学史上,人们常把他与陈子昂、苏源明、萧颖士、韩愈并提。有《元次山文集》传世。《新唐书》有传。

元结笔锋犀利,情感激愤,词意幽远,格调高古。欧阳修赞他"笔力雄健,意气超拔",杜甫誉其"道州忧黎庶,词气浩纵横。两章对秋月,一字偕华星"。清末古文家吴汝纶评论其"放

元次山陵挂匾仪式

元次山墓

恣山水,实开子厚先声""文字幽妙芳洁,亦能自成境趣"。史学界说他开了韩愈、柳宗元古文运动的先河,称他是上继王勃、陈子昂而起,中与杜甫并肩努力,后为白居易的新乐府开路,在中国文学史上有着承前启后的功绩。

大历七年(772),元结卒于长安,后归葬泉上村青条岭(原属鲁山县梁洼镇,今归平顶山市石龙区)。墓前立唐代书法家颜真卿亲手撰文并书丹的四面碑。该碑于明万历四十二年(1614)运至鲁山县学(今鲁山一高老校区内),修颜碑亭加以保护。1963年,该碑被列为河南省重点文物保护单位,2006年,被国务院公布为第六批全国重点文物保护单位。

(八)抗金名将 射士牛皋

牛皋(1087—1147),字伯远,鲁山石碑沟(今属熊背乡)人,精通武功,

牛皋墓旁的农舍

出身射士，戎马一生，战功卓著，被誉为抗金名将，深受民众爱戴。

宋建炎元年（1127），金兵南侵中原。皋聚众抗击，屡次皆胜，为保义郎。讨杨进，擢任荥州刺史、中军统领。对金人作战，连战连捷，屡进职衔。后加入岳家军。皋英勇善战，在抗击金人和伪齐时功绩卓著，官至马步军副统总管，是岳家军中最重要将领之一。宋人称牛皋"身经百战之余，独冠三军之勇"。

绍兴十七年（1147），皋中毒而亡，葬杭州西湖栖霞岭。家乡人为表崇敬怀念之情，在鲁阳关下为他建墓冢。

（九）翰林学士 古直王磐

王磐（1202—1293），字文炳，元代著名政治家，鲁山核桃园（今鲁山县辛集乡核桃园村）人。

王磐祖籍广平永年（河北广平）。1214年，其祖避金人乱迁鲁山。王磐26岁中进士，致力于研究经史。先任益都宣抚副使、翰林直学士，纂修国史，又任真定、顺德（今均属河北）等路宣慰使、翰林院学士等。

王磐执法严明，不畏权贵，曾斩杀皇亲忙兀得。他心系朝廷，提出了许

王磐像

多良言，不少被采纳。皇帝曾以"古直"来称赞他的人格。

王磐逝后，皇帝赐赠他为"端贞雅亮佐治功臣"和"太傅开府仪同三司"荣誉，并追封其为"洺国公"，谥"文忠"。

《元史》为其列传。

（十）武术大师 买氏壮图

买壮图（1805—1888），回族，清末著名武术家、心意拳大师。原籍河南孟县桑坡，幼年随家人逃荒到鲁山，定居县城西关黑虎桥畔，靠做小买卖谋生。

买壮图20岁时，拜郏县三郎庙张聚为师，习心意六合拳，勤学苦练数十载，其轻功、硬功、气功造诣达于臻化，有拳可破石、指可钻木、轻功可飞檐走壁之术。在原心意六合拳谱的基础上，进一步研究创新，创编了"买氏心意四把锤""买氏心意六合拳"等套路，充分发挥了心意拳在武术技击中，以少胜多，以短敌长的功能，使之完善为以爆发力为核心的优秀拳种，为我国武术事业做出了突出贡献。

买壮图晚年安居家乡，授拳、刀、棍术于族人。著《练功十二法》。

买壮图是位传奇式人物，民间多有传说。据鲁山县《黑虎桥志》载：买壮图生前即获"威震山陕，名播黄淮，弘扬教义，济世扶贫的心意六合拳买大侠"美誉。其择徒甚严，成名弟子很多。

买壮图画像

（十一）爱国将领 任公应岐

任应岐（1892—1934），字瑞周，鲁山刘河（今仓头乡刘河村）人。6岁入私塾，先后就读于鲁山县城北琴台高等小学和淮阳师范。后投笔从戎。

任应岐早年为绿林，曾在旧军队和各大军阀之间游离任职。后追随孙中山，任建国豫军第二旅旅长兼前敌总指挥，参加北伐。接受南方国民政府改编后，任十二军军长，后任南京国民政府军事委员会委员。出于民族大义，促蒋抗日，加之任部发展壮大，引起蒋的疑忌，遭蒋军伏击后投樊钟秀，随冯、阎反蒋。兵败后逃至天津。

任应岐

在天津，任接触中共，接受党的抗日救国主张，与吉鸿昌等组建中国人民反法西斯大同盟。倾囊捐出4.5万元（杨虎城、吉鸿昌仅捐一万元），联合抗日反蒋力量，组织抗日武装。

1934年11月，国民党以"加入共党，危害民国"罪，将任应岐与吉鸿昌同时逮捕。狱中，任应岐坚贞不屈，被杀时，拒不戴刑具，坚持以坐姿怒视敌人枪口，大义凛然，从容就义。

毛泽东《反投降提纲》曾赞扬任应岐等14位著名人士坚持革命、为抗日救国做出巨大贡献。

2021年7月9日，河南省人民政府追认任应岐为烈士。

（十二）诗坛巨星　作家玉诺

徐玉诺（1894—1958），名言信，字玉诺，笔名红蠖，鲁山徐营（今辛集乡徐营村）人。著名爱国诗人、作家。1958年病逝于开封，归葬故里鲁山徐营凤凰山下。

徐玉诺饱受压迫之苦，经过五四运动的洗礼，迸发出空前高涨的创作激情，艺术成就受到文艺界的高度关注。他是河南现代文学的领军人物，是中原新文学运动的奠基人之一，是我国新文学运动的开路先锋。

五四新文化运动后，徐玉诺写出了大量新诗，其中以1922年出版的诗集《将来之花园》为代表，揭露旧社会的黑暗现实，表达对美好生活的向往和憧憬。其诗作风格或粗犷豪放、或委婉细腻，受到瞿秋白、郑振铎、茅盾、朱自清、闻一多、叶圣陶、鲁迅等人的关注和称道。茅盾先生说他的诗"带着浓厚中原文化气息的特征"，叶圣陶认为他的诗大部分是"刚劲的、壮美的"，有"奇妙的表现力，唯美的思想，绘画一般的技术和吸引人心的句调"。其一生写诗400多首，不少已成为中国新文学运动白话诗的经典。

徐玉诺又是个小说家。他的短篇小说《良心》《一只破鞋》《祖父的故事》等，在当时的文学界和社会上引起强烈的反响，被称之为"替社会鸣不平、为平民叫苦的人"。20世纪30年代茅盾编写的《中国新文学大系——小说卷》选编了他两篇小说。茅盾认为，徐先生的小说"风格独特，有向更高阶段发展的美质"。

徐玉诺故居

　　徐玉诺更是一位勤奋耕耘的教育家。20 世纪 20 年代到 40 年代，他像游走于"将来之花园"里的辛勤园丁，足迹踏遍祖国各地。福州、厦门、吉林、临颍、淮阳、曲阜、烟台、淅川、内乡等 10 多个市县的 20 多所中学、师范学校，都留下了他教书育人的身影。他忧民爱国，为宣传抗战不遗余力。

　　新中国成立后，徐玉诺到省文联工作。他关心国家，关注中原，心系平民，笔耕不辍。同时，他致力于戏剧改革，对曲剧、越调、二夹弦等地方剧种倾力扶植。他曾担任省人大代表、政协委员，为新中国建设建言献策。至须发染霜，不泯赤子之心。对家乡情感深厚，其特立独行、真挚率真之品行妇孺皆知，有口皆碑。

　　徐玉诺一生，追求进步和正义，心系民族国家，关注民情民生，品高德劭。

（十三）统战楷模　英烈恩九

　　王恩九（1901—1939），又名王同锡，革命烈士，鲁山县磺洞沟（今属鲁山县瓦屋镇长畛地村）人。1936 年加入中国共产党。2009 年被评为"河南省 60 位为新中国成立做出突出贡献的英雄模范人物"。牺牲时任中共河南省委委员兼统战部部长、新四军驻确山竹沟留守处交际科科长。

　　王恩九早年参加冯玉祥领导的国民军，后晋升为少将。他以民族大义为重，曾促成国民革命军第七十六师二二八旅旅长范龙章通电抗日，营救中共地下组织成员刘贯一。后毅然抛弃荣禄地位，加入共产党，曾在中共察哈尔省联络局、中共豫鲁联络局工作，动员国民党察哈尔省保安司令部参谋长支应麟1800余人武装改编为八路军。1937年抗日战争全面爆发后，王恩九在太原与刘贯一共同办理华北联络局交给的情报"广闻通讯"的编写工作。太原沦陷前，被派往郑州、开封、洛阳等地了解情况。1938年年初，成为豫鲁联络局的重要成员。同年，受党派遣，力排艰险，做通国民党第三集团总司令孙桐萱的工作，成功营救出被山东高等法院关押的500多名共产党人和进步人士。1939年11月，国民党制造"竹沟惨案"后，受新四军参谋长兼江北总指挥张云逸电嘱，赴确山县政府交涉解决事变，在通往确山途中的孤山冲遇害，年仅38岁。

王恩九

第四节 城市名片 光灿亮丽

鲁山乃千年古县，获得过无数荣誉，有无数张在全国叫得响的名片。有城市建设方面的，有文化方面的，有生态方面的，有地理农产品方面的，不胜枚举。

（一）中国墨子文化之乡

由中国民间文艺家协会于2013年1月命名授予。

授牌的同时，并在鲁山建立"中国墨子文化研究中心"。

鲁山，墨子文化历史背景独特，遗迹遗存丰厚，典籍记载翔实，民间文化厚重鲜活，具有历史的根源性和民间传承的群众性基础。

鲁山境内，现有墨子故里、墨子祠庙、墨子洞、黑隐寺、墨子城、墨子井、墨子著经阁、墨莲池、墨庙村等历史遗迹遗存20多处。有关墨子的传说、民

大地如歌

河南鲁山县墨子古街景区广场上的墨子号量子火箭模型　　墨子故里

间歌谣、祭祀风俗丰富多彩，显示出墨子文化在其故里的厚重基础和活态承传。

鲁山县高度重视墨子文化的保护和传承，连年举办有影响的主题文化活

动,深入挖掘、弘扬墨子文化。

2016年8月16日,中国在酒泉卫星发射中心成功发射升空的世界首颗量子科学实验卫星以"墨子号"命名,极大地提升了鲁山的文化自信。鲁山县委、县政府第一时间召开"弘扬墨子文化——学习航天精神"座谈会,并致函酒泉卫星发射中心表示祝贺。酒泉致函回谢,并邀鲁山县委、县政府领导前往交流。同年,鲁山建成以墨子文化为主题的综合型景区——中国墨子文化旅游区。

2019年,中国邮政总局在鲁山举办中国思想家《墨子》纪念邮票及《鲁班》特种邮票和《班墨故里 魅力鲁山》邮票珍藏册首发式。

(二)中国牛郎织女文化之乡

2009年2月,由中国民间文艺家协会命名。

2016年11月,河南省民间文艺家协会授予"鲁山县牛郎织女文化之乡"为"河南省最具魅力文化之乡"荣誉。

2019年4月,中国民协批准,又在鲁山县建立"中国牛郎织女文化研究中心"。

牛郎洞前举行活动

鲁峰山九女潭

织绸

鲁峰山上瑞云观

七夕穿针乞巧

牛郎洞

第二章 史载有据 墨著有出

牛郎织女的故事发祥于鲁山，在全国及世界各地广为传播。

该传说居中国四大民间经典爱情传说（牛郎织女、孟姜女哭长城、梁山伯与祝英台、白蛇传）首位，最早记载见于《诗经·大东》"跂彼织女""睆彼牵牛"。

鲁山，是《诗经》的故乡。鲁山人勤劳、善良，以农耕、畜牧、丝织为业，创造了灿烂的农耕文化，塑造了牛郎织女的奇缘爱情故事。

有关牛郎织女文化，明嘉靖《鲁山县志》及平顶山市、鲁山县地名志均有记载。至今，其文化传承在鲁山仍保留着原生态的面貌，围绕鲁山城东鲁峰山，有牛郎洞、九女潭、九女潭沟、天河、九女庙、天爷庙、面天门、放牛岭、亮石台、牛郎祠、牛郎坟等有关牛郎织女传说的遗址遗存，又有诸多民谣民歌，以及种植葡萄、植柞养蚕、种九姑娘花、乞巧、七夕古庙会、祭祀牛郎老祖等民俗民风，形成了一个完整的具有地方特色的文化体系。

2010年8月16日七夕节，《民间传说——牛郎织女》特种邮票在鲁山首发。

鲁山彩蚕

这套邮票共4枚，分别是"盗衣结缘""男耕女织""担子追妻"和"鹊桥相会"。首发式上同时启用"牛郎洞""织女潭""孙氏祠堂"三枚风景邮戳和首发纪念戳。

2015年，鲁山牛郎织女传说被列入河南省第四批非物质文化遗产保护名录。

2016年七夕节，象征爱情的《相思鸟》特种邮票在鲁首发。

2017年七夕节，《喜鹊》特种邮票在鲁首发。

每年七夕节，鲁山都要举行"我们的节日——中国（鲁山）七夕节"民

我们的节日——七夕节

俗活动：山歌会、相亲交友大会、婚庆博览会、"汉风古韵"集体婚礼、时装秀、葡萄采摘节、非遗展、曲艺大赛、七夕高层论坛、七夕讲座、牛郎织女歌曲原创征集、马拉松赛等系列活动，展示牛郎织女文化的魅力。

（三）中国屈原文化传承基地

2019年6月3日，中国民协批准鲁山县成立"中国屈原文化传承基地"。

位于鲁山东南部的张官营镇为犨城故地。这里，有中国正史记载的最早的屈原庙，出土有"屈原之寺碑"。

屈原文化、端午民俗在鲁山这片秀美的大地上薪火相传，绵延千年。鲁山作为历史上中国北方最重要的祭祀屈原之处，屈原文化历史背景独特，典籍记载翔实，民间文化鲜活生动，具有历史的根源性、群众传承的普遍性等特征。

端午节到来时，鲁山家家插艾，包槲坠，煮大蒜，炸油馍，饮雄黄酒；儿童着五色线、佩戴香袋。槲坠由槲叶包就，类于粽子，是鲁山独有的风味食品。

鲁山端午文化，是楚风遗存，古已有之，多为纪念屈原之意，亦有为的

纪念屈原　　　　　　　　　　　　端午节纪念屈原的食物

我们的节日——端午节

是辟邪驱毒、防病治病，如挂艾和菖蒲、浴兰汤、采药等。

鲁山连年举办"我们的节日——中国（鲁山）端午节"系列民俗活动，影响广泛。

（四）中国温泉之乡

鲁山自西向东，绵延百里，出露有上汤、中汤、温汤、下汤、神汤五大温泉群，是我国华北板块上唯一呈串珠状温泉群。每泉出水点，少则十余眼，多则上百眼，温泉资源十分丰富。

每至冬季，水泡升腾，形成雾海，如入仙境，被誉为"皇女神汤""皇泉""皇女汤""鲁阳神泉""皇家第一汤""华夏第一汤"。

史书记载鲁山温泉不胜枚举。东汉傅毅《洛都赋》："鸡头温水，鲁阳神泉。不爨自沸，热若焦燃。烂毛瀹卵，煮绢濯鲜。痿疾痱疴，浸之则痊。功迈药石，勋著不言。"

郦道元《水经注》："七源奇发，炎热特甚……可以疗万疾者也。"

清康熙《鲁山县志》曰："温泉，商后常浴其处，载《水经》。"

清嘉庆《鲁山县志》曰："水出北山阜，炎热……侧有石，铭之'皇女汤'，可疗万疾也。"

清道光《鲁山县志》曰："温泉即《水经》'皇女汤'也。汤侧石铭已失……"

这些史料，都把鲁山温泉文化追溯到中华温泉文化的源头，确立其为华夏第一汤的地位。

鲁山温泉平均水温61—63摄氏度，水中含有硼、锂、氟、镭、氡等10多种微量元素。近年来，鲁山县统筹协调温泉资源与旅游产业、文化产业发展，高起点编制发展规划，高标准打造精品旅游路线，陆续建成上汤温泉宾馆、下汤温泉度假村、玉京温泉度假酒店、皇姑浴温泉国际酒店等多个集休闲、度假、沐浴、疗养、会务、娱乐为一体的高中档旅游度假村。

玉京温泉鸟瞰

2012年12月，国土资源部命名。为河南首个"中国温泉之乡"。

2016年，中国矿业联合会授予鲁山县"中国温泉之乡"称号。

（五）中华名窑 花瓷之乡

2018年2月，中国陶瓷工业协会批准授名。

2006年5月，鲁山段店瓷窑遗址被国务院公布为第六批全国重点文物保护单位。

鲁山花瓷制作——拉坯

鲁山花瓷——尧山神韵　　鲁山花瓷——花鼓

2015年，鲁山花瓷烧制技艺被列为河南省第四批非物质文化遗产保护项目。

2020年12月，鲁山花瓷烧制技艺入选第五批国家级非物质文化遗产代表性项目名录。

鲁山是中国古代陶瓷文化最早发源地之一，已出土距今约有6000年历史的陶器数千件。

段店窑是汝瓷、钧瓷的发源地，兴盛于唐宋，断代于晚清，距今已有1400多年历史，以生产花瓷名扬天下。

段店窑所产瓷器，主要为黑地乳白斑花釉瓷器，故称花瓷。故宫博物院现存一件黑釉蓝斑腰鼓，乃鲁山花瓷珍品、稀世国宝。

鲁山花瓷是我国目前发现最早的高温窑变釉瓷器，在中国陶瓷发展史上具有重要的里程碑意义，被称为钧瓷之源、汝瓷之母、官瓷之祖。其胎如坚石，釉质细润，器型丰满敦实，厚重恢宏，呈现出"入窑一色、出窑万彩"的神奇窑变艺术，反映出盛唐磅礴豪迈之气，由此被玄宗青睐，成为中原贡品。史界称之"唐钧""唐花钧""黑唐钧"，被誉为宋钧鼻祖，为文博收藏界所推崇。

近年来，鲁山县委、县政府提出打造"名窑之乡——花瓷之都"文化品牌。多位有识之士已破解花瓷烧制技术，使这一古老的技艺再放异彩。

（六）中国长寿之乡

2018年12月，人民日报社《中国城市报》、中国保健营养理事会、中国健康城市研究院等授鲁山县为中国长寿之乡。

2018年9月，"中国长寿之乡"评审组对鲁山县进行综合考评。专家评审组实地走访全县百岁老人，察看养老机构、养老政策的落实情况，观看专题片《大美鲁山，长寿之乡》等，一致认为：鲁山环境美，生态好，水质优，空气清新，森林覆盖率高，气候宜人。年均气温15.5摄氏度，年均降水量825.6毫米，年均日照1733.8小时，年均无霜期250天，年均空气优质天数240天。市民生活习惯良好，性格平和乐观，社会平安和谐，民风淳朴，符合长寿之乡的共性特征。

2018年年底，全县80岁以上老人20121人，占总人口的2.07%；百岁以

墨子故里的长寿老人

上老人 78 人，占总人口的 8.04/100000；全县人口平均预期寿命为 80.96 岁，比全国总体水平高 4.26 岁，且呈现出较强的长寿持续增长势头。

（七）中国生态魅力县

2018 年 1 月，在由中国市场调查研究中心、中国城市经济专家委员会主办的第五届中国生态年会上，鲁山被授予"中国生态魅力县"。

"十二五"期间，全县共完成营造林 33.68 万亩，其中造林 17.86 万亩，森林抚育改造 15.83 万亩。荣获"河南省林业生态县""河南省森林防火工作先进单位""河南省飞播造林先进集体""河南省林业种苗先进单位""河南省公益林管理先进单位"等称号。

鲁山古柿树

鲁山自然生态环境良好，气候、土壤条件都具明显过渡性特征。植物区系成分复杂，不仅有华中、华北区系植物，且有华东、华南和西北、西南、东北区系植物。境内野生植物种类繁多，优势种群明显，是河南省25个以林为主的山区县之一。

全县植物群中，蕴藏着不少珍贵植物和特有植物，列入国家保护的有水杉、银杏、华榛、连香树、杜仲、冷杉、云杉、青檀等。盛产银杏、辛夷、山芋肉、杜仲等土特产品和名贵药材。辛夷产量居全国第一。中药材有天麻、银杏、辛夷、杜仲、山药、首乌、丹参、萸肉、石斛、全虫等，全国重点普查的467种中药材中鲁山县有242种。果类有核桃、板栗、猕猴桃、柿子、葡萄等。

古树名木遍布全县。其中尤以南部、西部、西北部山区数量最多，有全国罕见的千年古银杏群，有彰显悠久人文历史的古柏，有昭示岁月沧桑的柿树王，有蕴含着美丽传说的老栎树等。

鲁山动物种类繁多。野生动物1100多种，国家级保护的珍贵动物有大鲵、金雕、红腹锦鸡等十余种。红腹锦鸡又名金鸡，野外特征明显，全身羽毛颜色互相衬托，赤橙黄绿青蓝紫俱全，光彩夺目，是驰名中外的观赏鸟类。当地传说，墨子诞生时，其父墨通见有红腹锦鸡盘旋落在他家梧桐树上，为祥瑞之兆，于是为儿子起名墨翟。在鲁山，翟的意思就是凤凰。

鲁山生态

第一章 山川秀美 文脉绵长

（八）中国传统村落

2013 年 8 月，瓦屋镇李老庄村入选第二批中国传统村落名录。2016 年 11 月，梁洼镇鹁鸽吴村入选第四批中国传统村落名录。2019 年 6 月，瓦屋镇红石崖村入选第五批中国传统村落名录。

1. 瓦屋镇李老庄村

该村位于瓦屋镇政府东 2.5 千米处。因明初山西洪洞县李姓人家迁此建村而得名。

村域面积 12 平方千米，李村庄占地 360 亩。

典型的明清四合院建筑。集中分布在东西主街两侧，建材多为砖、土坯、青瓦，地基为砖石垒砌，高台阶，青石铺门，墙体采用土坯、青砖混砌，高

鲁山丝绸

李老庄砖瓦建筑

李老庄抽丝

屋脊、坡屋顶，砖雕、石雕、木雕栩栩如生，十分精细。群体布局整齐、方正，大部分建筑群沿中轴线对称而建，房屋多坐北朝南。

中原贡品、省级非遗"鲁山丝绸"传承于此。

2. 梁洼镇鹁鸽吴村

该村位于鲁山城北 6 千米处，因明朝山西洪洞县吴姓人家迁此，有鹁鸽崖一处而建村得名。

地势三面环山，西高东低，大浪河穿村而过。村南有鲁山古八景之一鹁鸽崖，崖壁苍松翠柏，崖下河水流淌，风景秀丽。

村域面积 10 平方千米，村庄占地面积 460 亩。

村内百年以上古树 5 棵，中共鲁山地下组织负责人吴镜堂烈士纪念亭 1 个，明朝古民居 2 处，清朝古民居 2 处，古庙 1 处，传统乡土建筑占村庄建筑面积的三分之一以上。

鹁鸽吴村民居

这些传统建筑多为石木结构，是中原浅山丘陵地区典型民居。当时群众就地取材，地基、墙体由青石砌筑，上部为木结构，小青瓦覆顶，虽历经百年，但保存较完整，整个建筑显得平实、精致、自然、质朴。传统的建造工艺和质朴原始的建筑材料，反映了先民们充分遵循自然、利用自然的杰出智慧。

3. 瓦屋镇红石崖村

该村位于瓦屋镇北部，距镇政府所在地约 10 千米。北与汝州市寄料镇平王宋村、莽川乡柏沟岭村接壤，西与背孜乡葛沟村交界，东与瓦屋镇长畛地毗邻，南与瓦屋镇卧羊坪村相交。

村落面积 216 亩。

民居主要由天然石材建成，整体呈环形布局，地势北高南低。

鲁山 中国墨子文化之乡——河南鲁山

中国传统古村落：红石崖

传统民居

古村民景 　　红石崖的柿子

四面环山，属花岗岩上覆黏土、碎石地质；地表植被以栎树、橿树、泡桐为主；山间常有松鼠、野猪、獾、果子狸等野生动物出没。

该村居民建房，多就地取材，采用石块青瓦。房屋经久耐用，抗风化性强。环绕村落聚集地，多有梯田，层层叠叠，保湿保墒。在深山耕地较少的情况下，智慧性开垦荒地，自给自足。

（九）国家地质公园

2011年11月，国土资源部批准，尧山地质公园入选第六批国家地质公园。

该公园位于县域中西部，由尧山花岗岩地貌、圣人垛水体景观和"三汤"温泉群3大园区组成，总面积156.21平方千米。

公园处于秦岭造山带的重要构造部位，演化历史极其复杂，充分展示了在数亿年地质运动作用下，形成的断裂、褶皱和风化沉积、冰川运动等地质遗迹，并以其独特的奇峰怪石、幽谷深潭、溪流瀑布、温泉地热等千姿百态的地形地貌和地质景观，展现了大自然的神奇秀美，反映出千变万化的地质历史，具有很高的科研和审美价值。

公园中，仅千年古树，就在15万株以上。

尧山红叶

（十）国家地标农产品

2020年，鲁山县"张良姜""大年沟血桃""露峰山葡萄""五里岭酥

大年沟血桃　　　　　　　　　　　　　　　　露峰山葡萄

梨"成功通过专家评审，被农业农村部认定为国家地理标志农产品。

1. 大年沟血桃

主产熊背乡大年沟、宝山、南子营、大麦王、草店、熊背、老庙庄、宿王店、黄土岭、月明石、桃园沟、交口 12 个行政村。

熊背地处鲁山西南部，地貌属浅山丘陵到高山过渡地带，山川纵横，土壤类型包括石质土和粗骨土两类。昼夜温差较大，光照充足，土壤通透性好，无污染源，适合血桃生长。

果形圆正，红若丹霞，果肉、果核容易分离。富含深红似血的果肉，食之绵软香甜，回味悠长。

2. 露峰山葡萄

主产露峰山周围，沙河两岸。属南北气候过渡带，豫西山地与黄淮平原交汇处。空气清新，水质清洌，排灌方便，无污染源，铁、钾等矿物质元素含量丰富，适宜葡萄生长。

穗形整齐，粒大匀称，果面光亮，呈紫色、粉红色，汁液丰富，酸甜适口，清香味美。

3. 五里岭酥梨

主产县城西北浅山丘陵中，毗邻昭平湖，空气清新，水资源优越，周围无污染源。水质纯净，铁、钾、钙、硒等含量丰富。光照充足，小气候环境独特，空气湿度适宜，昼夜温差大，有利于果树生长和酥梨糖分的积累。土质多为麻砂质褐土、淋溶褐土等，地表土质疏松，吸水性强，透气性好，有机质含量高，矿物质元素丰富，表层以下土层质黏重，具有很强的保墒性。

果呈倒卵圆形。果面光亮，蜡质厚，阳面红晕，肉质细腻，果核小，多

五里岭酥梨

汁少渣，酥脆香甜。

（十一）中原贡品

2012年，河南省民间文艺家协会举行"中原贡品"评定。鲁山绸、鲁山花瓷、张良姜入选首批"中原贡品"保护名录。2017年，鲁山黑木耳入选第二批"中原贡品"保护名录。

1. 张良姜

张良姜芳香爽口，味辣质脆，能发汗、止呕、解毒、健胃，可以入药，又是制作菜肴的好佐料。

张良姜主产地在鲁山县张良镇，有2200多年种植历史。公元前204年，刘邦项羽争霸，刘邦率兵56万人，屯兵张良镇，其间，染病不愈，民奉姜汤，服而即愈，刘邦甚爱之，即位后，钦定张良姜为贡品。从此，张良姜闻名天下，成为历代宫廷贡品。

张良姜根茎皮肉深黄、有分枝，姜球多，节间短，排列紧密，扇状分布，姜球上部鳞片呈鲜红色。内在品质方面，张良姜除具有一般姜的营养成分外，

张良姜 　　　　　　　　　鲁山丝绸成品

蛋白质、糖类、粗纤维素和矿物质元素硒的含量较高。

从古到今，张良姜一直名声不辍，畅销全国各地。有"姜中之王"的美称。民间有语："石桥萝卜张良姜，瀼河女子不用相。"

2010年，张良姜获农业部颁发的国家农产品地理标志证书。

2. 鲁山绸

鲁山地质奇特，山区地貌，石厚土薄，适于柞树生长，宜于柞蚕养殖，素有"柞蚕之乡"美誉。清乾隆《鲁山县志》："鲁邑多山林，多有放蚕者。"

鲁山丝绸，乃鲁山传统丝织工艺品，作为《诗经》中的故乡，鲁山柞蚕丝绸在周代已为高贵衣料。用鲁山柞蚕丝织成的绸子，着一色而五彩斑斓。它手感爽滑，柔而有骨，在唐代就被视为宫中珍品。

鲁山是中国古代丝绸之路原点之一。从这里生产的柞丝绸、鲁山花瓷等，陆路西出洛阳，至长安，再向西经河西走廊至新疆。水路走汉口，通大海，最终到达中亚、西亚乃至欧洲。

民国前，鲁山西关颇具规模的骆驼场即有3家，可接待数百峰骆驼在此歇息。心意拳大师买壮图组建有回民护队，为过往客商提供押运服务。

货出地道。用鲁山绸做成的服装，穿着轻盈、凉爽，具有拉力强、易染色、耐高温、抗酸抗碱、绝缘吸湿等特点。

1915年2月，在美国旧金山举行的万国商品博览会上，鲁山丝绸荣获金奖，被誉为"仙女织"。

刘鹗《老残游记》、姚雪垠《李自成》都曾有对鲁山丝绸的描述。

2023年4月，河南省民间文艺家协会通过考察，又命名鲁山县为"河南丝绸文化之乡"。

3. 鲁山花瓷

鲁山花瓷釉胎如坚石，釉质细润，蓝如宝石，云絮飘动，观之赏心悦目，史称鲁山花瓷。唐人南卓《羯鼓录》记载，唐玄宗曾盛赞鲁山花瓷云："不是青州石末，即是鲁山花瓷。"鲁山境内已发现段店、郎店、桃花店、白象店等瓷窑遗址5处，故宫博物院收藏的唐代黑釉斑瓷拍鼓，即为梁洼段店所产。鲁山段店窑遗址位于鲁山县梁洼镇，20世纪70年代出土大量的花瓷残片，被古陶瓷研究学者确定为鲁山花瓷窑址。

鲁山花瓷是我国目前发现最早的高温窑变釉瓷器，以色彩绚丽、富于变

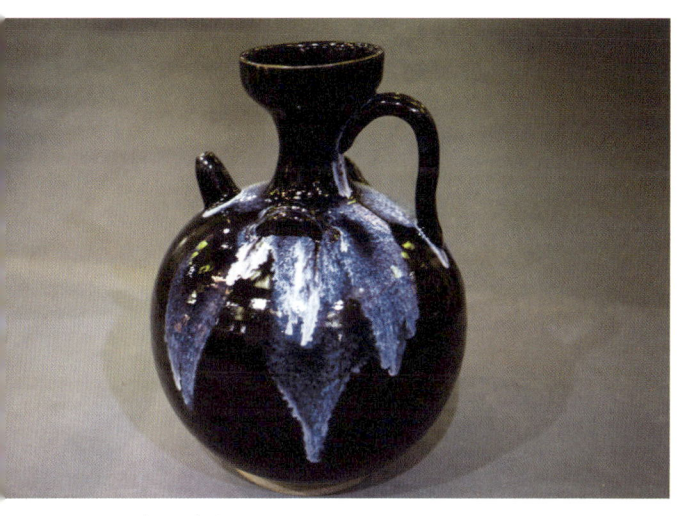

鲁山花瓷　　　　　　　　　　　　　　鲁山黑木耳

化闻名于世。

2015年，鲁山花瓷制作技艺被列入河南省第四批非物质文化遗产。2021年，被列入第五批国家级非物质文化遗产代表性项目。

近年来，王群成、袁留福等鲁山花瓷烧制技艺传承人，致力于鲁山花瓷的复原烧制，使这一古老的传统艺术再次绽放出耀眼的光芒。

4. 鲁山黑木耳

味甘性平，可滋阴、益胃、活血、润燥。对高血压、高血脂、便秘等有特殊功效。含蛋白质、脂肪、碳水化合物、胶质、灰分等。食用、药用价值很高。它不仅是宴席珍品，又是保健佳品。明代即已被列为贡品。

野生黑木耳多产于鲁山山区，寄生在枯死的栎木树干上，子实体具有干燥、朵大、肉厚等特点。

清代康熙年间，木耳已广泛种植，"伐木在山，总谓之'茬'，一岁曰试，再岁曰横，三岁曰罢。夏月雨后采拾，商贾辐辏，居之以射利。夫耳菌类，必湿热始生之"。乡民甚至拿木耳抵税。鲁山县令傅燮调任鲁期间作的《木耳歌》曰："前年斫茬在山麓，昨年斫茬在深谷。隔岁罢茬茬已老，去岁横茬茬正好。"

20世纪70年代，鲁山黑木耳闻名全国。80年代中期，出现种植专业村和专业户。此后，县、乡政府引导扶植，形成椴木和袋装黑木耳种植热潮，从业人员达30万人，效益数亿元。

进入21世纪后，鲁山出现地栽黑木耳品种。

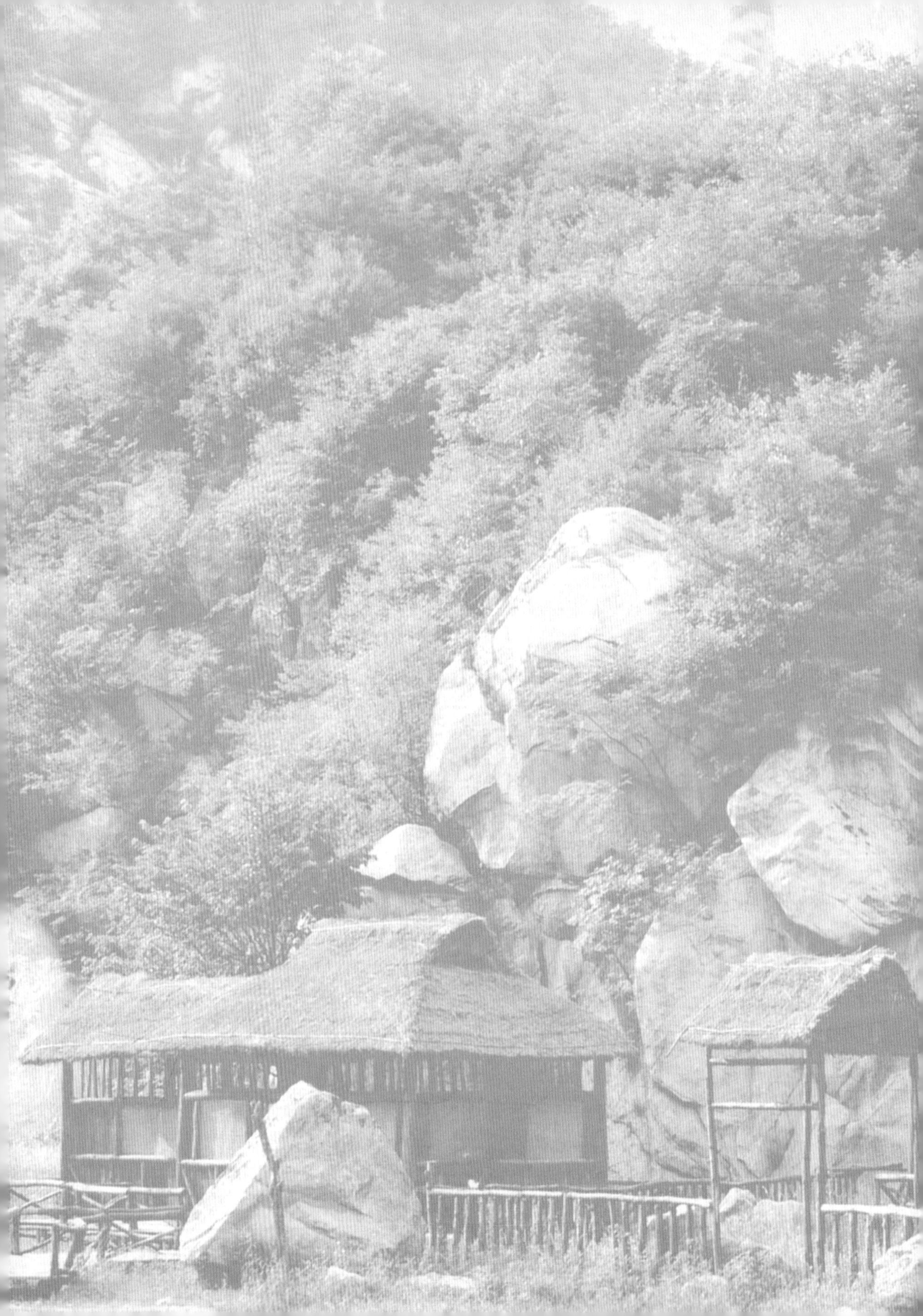

第二章
史载有据 墨著有出

志书有载,《墨子》有证,考古有据,史籍凿凿
古贤多从史中出,墨圣皆由典内传
摩顶放踵本兼爱,解厄消灾泽黎民

第一节 志书有记 学者有考

（一）古代志书 早有记载

早在清代，毕沅等历史文化学者就对墨子里籍在鲁山有过论述，成为学界多数人的共识，此后两百多年间几无纷争。从20世纪90年代始，墨子里籍纷争再起、莫衷一是。其实，关于墨子里籍问题，最有说服力的当数古代地方志。而清代方志学家、考据家武亿清嘉庆元年（1796）主纂的《鲁山县志》，是全国众多古方志中唯一一部为墨子立传，并著录《墨子》一书的方志。

清嘉庆《鲁山县志》在卷十六《艺文志》、卷二十二《集传》中，记的第一个人物，便是墨子。卷十六《艺文志》用了4000余文字，详述历代志书关于《墨子》一书的记载，以及学者们对墨子里籍之考据。该《艺文志》认为："墨子居于鲁阳，疑尝为文子（鲁阳公）之臣。"还据《墨子·鲁问篇》，墨子称鲁阳文子为"主君"这一称谓认为："翟之尊文子为主君，意其属文子也。"

武亿并在其《授堂诗钞·跋墨子》中称："惟《吕氏春秋·慎大览》高诱注：'墨子名翟，鲁人也。'鲁，即鲁阳，春秋时属楚。古人于地名两字，或单举一字，是其例也。《路史·国名纪》：'鲁，汝（州）之鲁山县，非兖地。'"

鲁山县志

武亿特别强调，"鲁"是当时河南汝州管辖的鲁山，非山东兖州的曲阜。

武亿原籍山东聊城，后迁河南偃师。曾任山东博山知县。乾隆五十七年（1792）罢官后又在济南创办范泉书院和主讲清源书院多年。后又被邀回河南，主修了《鲁山县志》《宝丰县志》《安阳县志》《偃师县志》《陕县县志》5部志书，并有《读经考异》《读史金石集目》《四书考异》等十几种著述。武亿精通经史，长于考证，对方志编纂很有造诣。他于乾隆六十年（1795），受鲁山知县董作栋之邀，至鲁山主纂《鲁山县志》，经认真考据，把墨子写入《鲁山县志》。在卷十六《艺文志》中，著录了《墨子》一书，及历代录载《墨子》的文献学专著24种，并放在卷首；在卷二十二《集传》中，又首列有关墨子行事的资料。他把墨子里籍定在鲁山，是他在河南、山东两地长期生活、考察研究的结果。

（二）古代学者 早有详考

东汉学者高诱为《吕氏春秋》作注，在《当染》篇云："墨子名翟，鲁人，作书七十二篇。"在《慎大览》篇云："墨子名翟，鲁人也，著书七十篇，以墨道闻也。"

高诱何以不称墨子"鲁国人"而称"鲁人"呢？原因在于东鲁鲁国称国较晚，在历史上，影响较大。如称鲁国人，会让人误解为山东曲阜地区。那么又何以不称"鲁阳"或"鲁阳国"人呢？因楚国占领鲁阳和称鲁阳国的时间相对较短，而且，鲁阳和鲁阳国的称谓，更反映不出西鲁鲁国远在夏、商时期已经称鲁的历史蕴涵。同样道理，这也同墨子不称楚国人一样。

高诱，东汉末年士大夫、史学家。作风朴实，精通儒家典籍及古文经学，

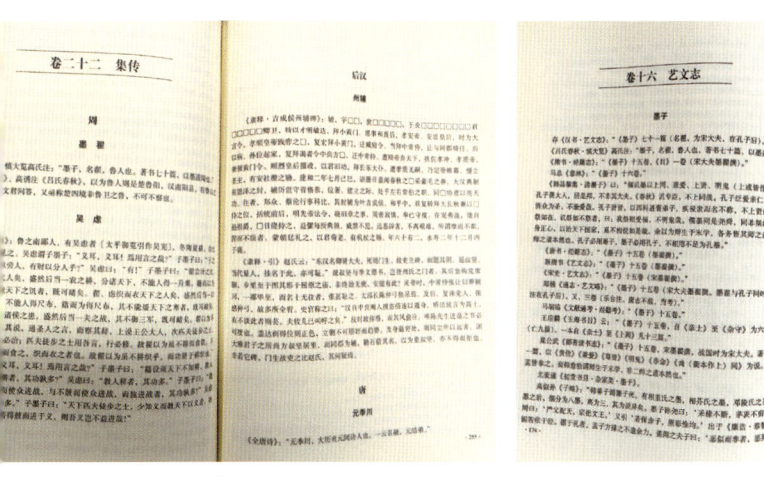

古书中对鲁山的记载

注释中常引用《五经》《论语》《孟子》等，以训诂明义、解字释词为主，非常重视标举音读和解释方言，注文翔实，涵盖名物典章训释、注音、校勘、义理阐发等多方面。高诱著有《淮南子》注、《吕氏春秋》注及《战国策》注等，其学术成就堪比许慎。

高诱对先秦史的把握当比后人详尽。他语法严谨，用词准确，所注"墨子鲁人也"的本义，实指墨子是夏、商时期已经称鲁，周初先称鲁国，"俾侯于东"后称鲁阳，楚曾称鲁阳国的"鲁人"。

乾隆四十八年（1783），曾任河南、山东巡抚的著名考据家、经学家、方志学家毕沅，在《墨子注·序》曰："高诱注《吕氏春秋》以为'鲁人'，则是汉南阳县，在鲁山之阳。本书多有鲁阳文君问答，又亟称楚四境，非鲁

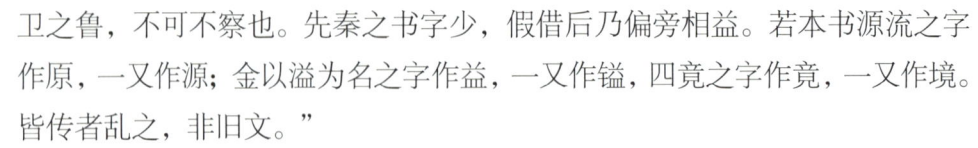

卫之鲁，不可不察也。先秦之书字少，假借后乃偏旁相益。若本书源流之字作原，一又作源；金以溢为名之字作益，一又作镒，四竟之字作竟，一又作境。皆传者乱之，非旧文。"

毕沅，清代著名学者，喜欢金石地理之学。乾隆二十五年（1760），状元及第，授翰林院编修。曾任陕西按察使、陕西布政使、河南巡抚、湖广总督。著有《续资治通鉴》《传经表》《经文字辨正书》等。

第二节 考古有据 故里有碑

（一）战国楚墓 墨子竹简

1956年春，河南信阳长台关发现的一号战国楚墓中，有墨子佚文竹简，其中两支仍语意明白。其一："□□□周公截然作色，曰：'乌夫！戈人格上则刑截至。'"其二曰："乌夫：戈人刚愎，天这于刑（者），有上贤。"（因今无竹简古字，此引文与原文不尽相同）

李学勤在《长台关竹简中的〈墨子〉佚篇》中（见《徐中舒先生九十寿辰纪念文集》，巴蜀书社），断定此墓年代为战国中期靠前，这与墨子时代相合。1959年，商承祚的《信阳出土楚竹简摹本》和史树青的《信阳长台关出土竹书考》（《北京师范大学学报》1963年第4期）都有这组简的释文。中山大学学者还在《太平御览》中找到一儒墨对话形式的墨子佚文。李学勤说："墨子佚篇在长台关楚墓中发现，与墨子的流传有关。"由此可知战国时楚国墨学之盛和墓主对墨子之尊崇。

长台关与鲁山均在河南，相距不远。这是墨子为楚鲁阳人的又一印证。

（二）墨子晚年 隐居熊背

墨子洞，墨子晚年隐居处，位于熊背乡黑隐寺村。村后原有寺，名黑隐寺，建于汉。墨子隐居此处后，改姓黑，墨子逝后，村民建"黑隐寺"纪念。再后百姓在此聚居成落。

该地是墨子从鲁山"邱公城"去楚国南行的必经之地。当时古道艰难，此地山洞是最好借休的去处。墨子晚年回到鲁阳归宿，最后又隐居此地。

当地有墨子的传说很多。20世纪90年代，县文物所发现该洞后，对其发掘清理，出土灰色双鼻粗纹陶罐、灰陶平底战国钵、陶拍子、通体磨光石斧石棒、白色搪瓷小碗、战国短铁剑等。综合周边文化遗址与社会调查，认为战国时期文化遗存丰富，与墨子时代吻合。

熊背乡政府所在地西边约1里，有村名土掉沟，是墨子改姓隐名处。葛洪《抱朴子·神仙传》称，墨子成了"地仙"，"隐居以避战乱"。

墨子暮年，心力不济，心灰意冷，去掉土字，改黑姓隐居此地。

黑隐寺在土掉沟正北1里左右。从地图上依上北下南分析，"黑"在"土"上。二字相合，正为"墨"字。

墨子洞、土掉沟、黑隐寺为市级文物保护单位。

寻访黑隐寺

（三）邓州构林 墨城遗址

河南邓州市构林镇西北有座古城遗址，名为"墨城"。

《邓州市地名志》载：墨城遗址，在市区南19公里，构林镇李洼与岗程营之间。《明嘉靖邓州志》载："墨城，州南40里。始筑无考，俗呼黑土城，盖墨字之误。"城址平面呈矩形，东西长200米，南北宽100米，地势较高，文化层厚度1米左右。内有战国时期水井两眼，发现有战国铜壶及残片。遗址北侧小河上现存明嘉靖二十六年（1547）十一月立石碑一通，上刻《邓州墨城重修两庙碑记》，为县级文物保护单位。

邓州市地方史志办公室墨学专家肖华锟考证，墨城是战国早期墨子与鲁

尧山镇墨子故里碑　　　　　　　　　　墨子故里碑文

班所筑的演兵城，城名叫"围城"，百姓叫墨城，刘宋和北魏时因围城名而设"围县"，属荆州（治穰，今邓州市）弘（北魏为恒）农郡（郡治今邓州市彭桥镇五垄岗）属县之一。

墨子去楚都制止攻宋，从故里鲁山出发，十天十夜到郢都，邓州墨城正处在鲁山至宜城的路上，墨城是墨子去郢的必经之地。墨子看到这里地广人稀，岗洼起伏，是演练兵的好地方。墨城地下并无黑土，是黄土，百姓俗呼黑土城，黑土正是"墨"字。没有黑土，何叫墨城？且正在鲁去郢的路上，又是战国时代，与墨子不无关系。

（四）墨子故里　清代有碑

1935年，鲁山尧山镇尧山村，还保留着一通清代的"墨子故里"石碑。据该村张官文等老人回忆，此碑高约1.7米，宽约0.7米，上额圆头，有龙凤呈祥图案，下有约0.5米的石座，中间阴刻欧体四字"墨子故里"。此碑立在二郎庙村（今尧山村）街西路南山陕庙门前的碑楼里。李照祥老人说："山陕庙那块地方原是墨子祠，墨子故里碑原在墨子祠门前。山陕商人拆掉墨子祠建山陕庙，群众不依，建庙商人才把墨子故里碑和建庙碑一起竖立在山陕庙前。"

2004年7月13日，尧山镇尧山村重立"墨子故里"碑，著名墨学研究专家萧鲁阳撰写碑记：

墨子名翟，禹师墨如之后。公元前四百八十年降生，楚国鲁阳今河南省鲁山人也，公元前三百八十九年仙逝，道家谓其成地仙云。墨子以天下为念，人民为心，创立墨家学派，战国秦汉之际，与儒家并为显学，《汉书·艺文志》著录《墨子》七十一篇，今传世者五十三篇。墨子主张，凡入国，必择务而从事焉。国家昏乱，则语之尚贤、尚同；国家贫，则语之节葬、节用；国家熹音湛湎，则语之非乐、非命；国家淫僻无礼，则语之尊天事鬼；国家务夺侵凌，则语之兼爱、非攻。此谓十论，乃墨子生前自我概括之一完整思想体系。《墨经》为逻辑学与自然科学著述，《备城门》以下则为墨家兵学。墨子学兼文理，才冠古今，毛泽东同志称赞墨子是一个劳动者，他不做官，但他是比孔子高明的圣人。江泽民同志说中华民族是热爱和平的民族，二千多年前，我国战国时期一位思想家就提出过"强不执弱，富不侮贫"的主张。这位思想家，即我鲁山乡贤墨翟。墨子以绳墨自矫，以自苦为极，真天下之好也。天下无人，子墨子言也犹在。故老相传，墨子故里在墨庙村，平生周游齐鲁宋卫诸国，尝于鲁阳古城与鲁阳文君共议国是。鲁阳古城即今昭平湖邱公城岛，本御龙氏刘累故邑。其西金山环岛，即墨子著书处，有墨子著经阁存焉。

龙潭峡墨子故居

第二章 史载有据 墨著有出

秀美尧山

墨子临终前，自封于黑隐寺附近洞中。清嘉庆《鲁山县志》誉墨子为鲁山先贤。尧山镇原有墨子故里碑，张冠文诸老见证之。鲁山县有墨子遗风遗迹、传说传人，墨子书中更有鲁山方言数百处，此皆墨子为鲁山先贤之铁证。今墨子故里父老，缅怀先贤，弘扬墨学，鸠工聚资，于原碑近侧，重建新碑，此乃盛世盛事，故不揣浅陋而为之记云。

第三节 墨子活动 多在楚国

（一）夏裔墨子 法夏黜周

墨子法夏黜周，与儒家对立。《淮南子·要略训》：墨子"背周道而用夏政"。孙星衍《墨子后序》："墨子与孔子异者，其学出于夏礼。"近当代学者多有论述。北京大学于希贤教授在《论墨子与夏文化》中说："先秦

诸子的文化渊源,有其地方文化与时代精神的传承。""从地方文化风格,培育出不同文化。孔子是周文化培育出来的传承者,墨子是夏文化的传承者。"这一思想已成当今学界之共识。

鲁山地处中原,北濒河洛,南贯沙河,紧邻禹都阳城(今河南登封市境)和启都阳翟(今河南禹州境),距太康之都斟鄩(今河南偃师市二里头村)不足三百里。《史记·封禅书》曰:"昔三代之居,皆在河洛之间。"

鲁山为夏人居住地。墨子之所以传承夏文化,皆缘于他是夏人之后,深受夏文化熏染之原因。正因墨子深植于中原这片厚土之中,才被孕育了他铮铮金骨,造就了他浩浩正气,从而,使他成为先秦诸子百家中最博大、最勇敢、最睿智、最无私、最独特的璀璨之星。

(二)墨家弟子 多为楚人

方授楚考证,墨家弟子,有国籍可考者13人。齐国5人,楚国4人,宋、

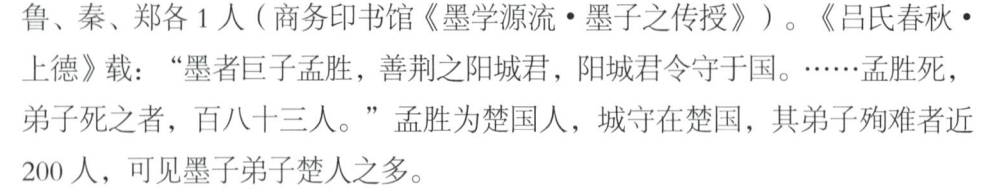

鲁、秦、郑各1人（商务印书馆《墨学源流·墨子之传授》）。《吕氏春秋·上德》载："墨者巨子孟胜，善荆之阳城君，阳城君令守于国。……孟胜死，弟子死之者，百八十三人。"孟胜为楚国人，城守在楚国，其弟子殉难者近200人，可见墨子弟子楚人之多。

墨家活动中心一直在楚国本土。罗其湘《墨家宗教传承的民间轶闻》载："明朝末年，行将衰亡的墨家隐灵教，遵循神秘的教规，不远千里，从鄂西白云谷的隐灵洞府，追踪到河南选继承人，终于选定了一个单传七代的农家青年。"这件事或许可以说明以下两点：其一，墨家后期的活动中心仍在原楚国本土；其二，墨子已卒2000多年，墨家还要到河南寻找继承人，说明河南是墨子故乡。

（三）墨子思想 楚风楚韵

楚国人喜卜好祀，尚鬼崇巫。从民间至宫廷，浑成风气。以至成为楚文化的一个特点，有"巫文化"之说。这一特征，在先秦著作中多有反映，考古发掘的古文物中也多有所见。楚国人收获耕稼，出门从事，皆要占卜祭祀，把鬼神推崇到至高无上的境地。《楚辞》就充分反映了楚人的这一思想，屈原的《九歌》更是对鬼神的绝妙歌唱。《墨子》之《天志》《明鬼》，正是这一文化背景下的产物。

第四节 墨子之鲁 根在鲁阳

（一）《诗经》有证 两次分封

周武王克商后，进行了一次规模不大的分封，伯禽代周公首先就封于鲁山地区，称鲁侯；武王死后，武庚勾结管叔、蔡叔发动叛乱，徐戎淮夷也起而暴乱，经过周公东征、成王践奄，才平定了叛乱。"昔武王克商，成王定之，选建明德，以藩屏周""固商奄之民，命以伯禽，而封于少皞之墟"。《左传》定公四年这时称为鲁公。原来的鲁县一带的封地，大概是由许文公的后代或其他姬姓诸侯接替。

先封一地又迁往他处的情况，在当时是很多的。这两次受封的情况，在《诗·鲁颂·閟宫》中有所反映：

> 王曰叔父，
>
> 建尔元子，
>
> 俾侯于鲁。
>
> 大启尔宇，
>
> 为周室辅。
>
> 乃命鲁公，
>
> 俾侯于东。

过去，往往认为这首诗的前后句意思重复，那是因为不了解其中所反映的两次受封的情况。怎么知道"俾侯于鲁"是指鲁山一带呢？这首诗下面几句话提供了答案：

> 天赐公纯嘏，
>
> 眉寿保鲁。
>
> 居常与许，
>
> 复周公之宇。
>
> 徂徕之松，
>
> 新甫之柏。

南常在今山东省微山湖东，西许（许昌）离鲁阳地区不远（1983年前，古名鲁阳的鲁山即隶属许昌管辖）。诗的作者要求恢复"周公之宇"，说明这里老早是周公的封土。徂徕山在泰山近侧，属于山东之鲁，而新甫山也与鲁阳不远，位于今河南省南阳城西。

史诗反复把河南之鲁同山东之鲁联系起来，反映了历史实际：周公东征后，把商奄改称为鲁，实是初封于鲁山在名称上的沿用。

（二）与鲁阳公 关系密切

墨子摩顶放踵，交结的多是各国要人。在家乡，他与鲁阳公接触频繁，交往极深。仅《墨子·鲁问》篇中，他与鲁阳文君对话5次，《耕柱》篇中，对话2次。而墨子与鲁国国君对话少之又少。

鲁阳公即鲁阳文君公孙宽。墨子与鲁阳文君，两人反复交谈，相处融洽，讨论问题涉及对外战争、仁义治国、忠臣识别等。正是鲁阳文君见识了墨子的才智，才把墨子荐于楚惠王，要惠王重用墨子。

昭平湖风光

《墨子·鲁问》中，两人有一段对话：

鲁阳文君欲攻郑，子墨子闻而止之。谓鲁阳文君曰："今使鲁四境之内，大都攻其小都，大家伐其小家……则若何？鲁阳文君曰："鲁四境之内，皆寡人之臣也。今大都攻其小都，大家伐其小家……则寡人必将厚罚之。"

这段话可说明三点：

第一，鲁阳文君准备攻打郑国，墨子听说后，马上赶到制止。"闻而止之"，可以想象速度之快。两人必是住得很近。那时没有手机之类先进通信设备，传递信息唯靠信件。如果墨子远在山东，没有个把月是绝不可能赶过去的，那就不是"闻而止之"的概念了。

第二，当时，鲁阳是可以简称为"鲁"的，否则，鲁阳文君不会说"鲁四境之内"。这和高诱所注墨子"鲁人也"一致。

第三，墨子是鲁阳文君的臣民。因为君王称"寡"是相对他的臣民而言，如果墨子不是鲁阳文君的臣民，他不会说"寡人必将厚罚之"。

同样，《墨子·鲁问》篇中还有话："鲁之南鄙人，有吴虑者，冬耕夏陶，自比于舜。子墨子闻而见之。"亦是把"鲁阳"直接简为"鲁"的。

《墨子·鲁问》篇既载有鲁国国君之问，又载有鲁阳文君之问，应该说，在当时，东鲁与西鲁是很容易分清楚的。

按照周礼，国与国间，王公卿士相聘，宾客一般称主国之君为"主君"。《墨子·鲁问》中，墨子同鲁君谈话，两次称"主君"，完全以宾客的口气，对鲁君提出建议。而对鲁阳文君，则不称"主君"，而单称"君"。

墨子不称鲁阳文君为"主君"，不是鲁阳文君地位不够，而是墨子是鲁阳人，不必以宾客之礼相待。

（三）西鲁之鲁 鲁阳古国

《墨子·鲁问》篇中，墨子同鲁阳文君的对话，显示鲁阳文君能够独立调动军队，并自主决定对其邻国攻伐，对管辖"鲁四境之内，皆寡人之臣"的"大都""小都""大家""小家"有"厚罚"权力。

鲁阳文君，也即是鲁阳国君。

"西鲁"与"东鲁"的形成过程证明，战国楚地确有鲁阳国建置。

陕西师范大学王晖教授在《古文字与商周史新证》中考证，鲁国初封地在"河南汝水上游至鲁山一带"，即成周之南，正指鲁阳。此时，山东曲阜一带尚称奄。故，武王"封叔旦于鲁而相周"的"鲁国"，为"西鲁"鲁国，即鲁阳（今之河南鲁山县）。

郑州大学历史系教授、考古学家荆三林在鲁山考古后，亦得出结论："周公初封地不是今日山东曲阜，而是河南鲁山。""鲁国因鲁山得名，鲁山在今县治东三十里，夏为夏邑，又称鲁阳，西周为鲁的初封地。"

历史学家李亚农在其《西周与东周》书中曰："周初最有力量的两大人

墨子石碑

物周公和召公，本来也是封在这一带的。在周公东征，成王践奄之后，才改封周公之子伯禽于鲁，召公之后于燕。"

台湾学者柏杨称鲁国建都："原都鲁山，后迁曲阜。"鲁国在河南鲁山时，其疆域在河南中部。成王践奄后，鲁国东迁，徙山东曲阜后，鲁国疆域在山东西部。

从"周武王克殷"后，到"周成王践奄""俾侯于东"前，周封"西鲁"的立国时间，15年左右，约公元前1046年至公元前1031年间。

《墨子·鲁问》篇，早有"西鲁""东鲁"同称"鲁"的蕴涵。其文中，大量篇幅是墨子和鲁阳文君的对话，《鲁问》其实就是《鲁阳问》。而《墨子》一书的编者，把墨子与东鲁鲁国鲁君与楚鲁阳国鲁阳文君的多次对话及墨子在两地的有关活动记述，编排在同一篇《鲁问》中，说明东鲁鲁国与楚封鲁阳国，曾一度在西周时同称鲁国的历史事实。而且，"西鲁"与"东鲁"的概念在当时极好区分。后楚封鲁阳国因地处楚方城之外的楚国北部边陲，所以才有《墨子》中"公输子自鲁南游楚"和"墨子自鲁南游楚焉"的记述。

唐朝诗人李白曾寓家安陆（今湖北钟祥一带）、任城（今山东济宁），他对西鲁和东鲁有历史，记忆清晰。《李白诗选》中，涉及不少东鲁和西鲁的史实。他在《五月东鲁行答汶上翁》《东鲁门泛舟（二首）》《寄东鲁二稚子》等诗中，都有东鲁称谓。有东鲁之谓，必有西鲁之对。他在《豫章行》中写道："胡风吹代马，北拥鲁阳关。"在《日出入行》中道："鲁阳何德，驻景挥戈？"李白的这些诗句说明，即使在唐代，西鲁东鲁，仍然明确存在。

（四）墨子自谓 北方鄙人

《渚宫旧事》载，鲁阳文君对楚惠王曰："墨子北方贤圣人。"

《吕氏春秋·爱类》载，墨子对楚王曰："臣，北方之鄙人也。"

《墨子·公输》载：墨子为止楚攻宋至郢，见公输般，曰："吾从北方，闻子为梯，将以攻宋。宋何罪之有？"

以上，《渚宫旧事》所记，是鲁阳文君当面向楚王介绍墨子；《吕氏春秋·爱类》所记，是墨子直接向楚王自我介绍；《墨子·公输》所记，是墨子向公输般直陈。当着楚国的国君说自己是"北方人"，自然墨子也是楚国人。如果墨子是楚国以北的鲁国人，那他应当说自己是"北国人"。因为"方"

的概念，是对同一国度而言的，不是同一国度，便不能用"方"。当时鲁阳居楚国北部边境，所以他说自己是"北方之鄙人也"。"鄙"是边鄙、边陲之意，而不是谦词。

《墨子·鲁问》篇中，墨子两次谈到自己是"中国人"。如鲁阳文君对墨子说，楚国南方有个吃人的国家，生了长子就吃掉，滋味好的话，还要送给国君吃。国君吃得高兴，还要赏赐孩子的父亲。墨子就说："虽中国之俗，也犹是也，杀其子而赏其父，何以异食其子而赏其父者哉？"这里墨子拿中国的风俗做对比，喻自己是"中国人"。

在同篇中，越王请墨子入越做官，并以土地相封。墨子对楚使公尚过说："只要越王肯用我的道，我去越国和群臣一样就行了，何必要封地呢？假若越王不用我的道，我去那里不等于把义卖了吗？既然同样是卖，我卖给中国就行了，何必要卖给越国呢？"所以他说："均之粜，亦于中国耳，何必于越哉？"墨子再次说自己是"中国人"。

"中国"的概念，原指华夏民族活动的中原地区，"中国人"当是位于中原鲁阳的人。

（五）止楚攻宋 起点鲁山

墨子"止楚攻宋"的行程路线，关键在于原文中"自鲁往""日夜不休，十日十夜而至于郢""裂蹄而趋千里以存楚宋"。也即"自鲁往，至于郢，徒步十日十夜不休，行程千里左右"。

郢都，今湖北钟祥市的郢中镇。

《吕氏春秋·爱类》篇中，记墨子止楚攻宋，墨子自述："臣，北方之鄙人也。"这说明，墨子是楚人，在楚国北方边陲定居。止楚攻宋时在公元前440年，当时鲁国不属楚国。而山东曲阜又在钟祥市的东方偏北，不在北方。曲阜距钟祥大约1680里，十日十夜，每昼夜行168里，既难以完成，也非"裂蹄而趋千里"的行程。

而西鲁鲁阳，恰恰符合这些要件。钟祥距鲁山大约1020里，徒步行走，十日十夜，完全可能。

墨子具体的行程路线：从"西鲁鲁阳"出发，向南走三鸦路，过鲁阳关楚长城，经南阳盆地达邓州，穿构林镇至湖北襄樊，沿荆襄古道至宜城，再折向东南过楚鄢郢（今楚皇城遗址），到达楚别邑、故郢——今湖北钟祥市郢中镇。

第五节 墨子鲁班 四次比巧

（一）匠祖鲁班 发明专家

匠祖鲁班，又名公输班、公输盘，鲁之巧人。其里籍，同墨子一样，在楚鲁阳邑，即今鲁山。

鲁班的名字，实际上，已成为古代劳动人民智慧的象征。在科技昌明的今天，国家将建筑领域的最高奖命名为"鲁班奖"。

研究鲁班的基本材料，保存于《墨子》之《鲁问》和《公输》两篇中。鲁班之"鲁"姓，因其世代居住于自夏以来就以"鲁"为名的鲁阳而获得的"以地为氏"的姓氏。"公输"是鲁班的号，其后人才以"公输"为姓。

鲁班的发明创造很多。《事物绀珠》《物原》《古史考》等古籍记载，木工使用的不少工具器械，传说都是他创造的，如曲尺（也叫矩或鲁班尺）、墨斗、刨子、钻子、凿子、铲子等。这些发明，使工匠们从原始、繁重的体力劳动中解放出来，效率成倍提高，土木工艺出现了崭新的面貌。后来，人

中汤墨子坊　　　　　　　　　　　　　　　　　　　　　　　石磨

们为了纪念这位名师巨匠，就尊他为我国土木工匠的始祖。

鲁班的传说，全国各地很多，这是中华民族在长期历史发展中，逐渐积累起来的鲁班文化。其中不乏建筑和相关工具制作的神奇故事，如鲁班在田间劳作，被长有齿状叶子的小草划破了小腿，由此发明了木工的重要工具——锯；他见鹞鹰在天空任意翱翔，就用竹子和麻绳做成竹鹊，可以三天不落，与墨子所做的木鸢相比，确实更胜一筹；他制成攻城的云梯和雷车，这些东西在冷兵器时代，是决定战争胜负的有力武器。还有石器、木器、铁器等工具，许多都与鲁班的发明创造有关。

由于鲁班一生偏重于技术钻研，并没有把自己的思想上升到理论层面，所以，留下的语言文字极少，不像墨子有《墨经》存世，让我们能够见到一个比较全面的墨子形象。仅见的记载，多数是在《墨子》中。

鲁山至今仍保留着丰富的鲁班遗迹和传说。

（二）两位挚友 境界不同

春秋战国，烽烟四起，起的多是不义之战。只要你有才，能让国家强盛，不管出身贵贱，都可封侯拜相。在这样一个百家争鸣的时代，楚国北陲之鲁阳，滋养出两位圣贤，这就是墨子和鲁班。

鲁班馆内工具

两人虽没做官，却在诸侯争战中，充分展示了自己才干。

两人都是发明家、实践家、行动家。墨子在多个方面贡献都很大，照相机的发明，即源于他的小孔成像。2016年，升上太空的那颗量子卫星，还起名"墨子号"。他为平民代言，老百姓尊崇其为"平民圣人"。而鲁班，为匠祖、鲁班爷，传说木工用具，诸如墨斗、曲尺、锯、锛、刨子，都是他发明的。

两人都生长在鲁阳，交往自然密切，但因眼界不同，以至于最初感情纠结，关系微妙。鲁班局限在小我的天地里，总以为天下至巧，莫过于己，而墨子，却是抱着兼爱非攻、天下大同、互利共赢的态度，提出十大主张，从精神层面认识问题，拷问灵魂。所以，墨子又多了思想家、政治家、军事家等桂冠。

最终，鲁班在墨子的感召下，两人终成挚友。

（三）四次比巧 高低可见

专家考据，鲁班比墨子大，经验自是比墨子要丰富，怎么就会出现明显差异呢？

我们从《墨子》一书所记两人四次"对话比巧"的故事中，可以看出端倪。

《墨子·鲁问》篇，记述了他们在鲁阳的三次比巧。

第一巧：鲁班从鲁阳南游至楚，为楚王制造适于船战的钩、镶。敌船后退，就用钩钩住它，敌船前进，就用镶推拒它。鲁班自夸，并诘问墨子："我船战有自己的钩镶，您的'义'是不是也有钩镶呢？"

墨子说："我的'义'，是以爱钩，以恭敬推拒，不用爱钩，就不会亲近；不用恭敬推拒，就容易轻慢。轻慢不亲近，就会很快离散。互爱互敬才能互利。否则，人来我往，钩来拒去，那是在互相残害。所以，我'义'的钩镶，是胜过你船战钩镶的。"

墨子的"钩镶"是"义"，也即其兼爱思想。

墨子是把问题上升到更高层次上去认识了。

第二巧：鲁班削竹成鹊，飞到天上，三日而不下。鲁班自认做得精巧。墨子批驳鲁班，说："你做的鹊，还不如匠人做的车轴上的销子，那三寸的木块儿，可担当五十石的重量。所以，利于人的，可为巧；不利于人的，那是拙劣。"

墨子的着眼点，在于实用、利民。想想也是，鲁班制作的竹鹊，在天上飞得再久，有什么用呢？那时候，谁会往飞天梦上去想呢？

鲁班像　　　　　　　　　　　　　　　　工具图

　　第三次比巧，人尽皆知，即《公输》篇，所记仅一件事，墨子的止楚攻宋。这是墨子与鲁班最精彩的一次比赛。楚王准备攻打宋国，连攻城的云梯，也让鲁班制造好了。墨子听说，急慌慌地往楚都赶，十天十夜，日夜兼程，鞋子跑烂了，脚上磨泡了。没有人委派他这么做，但他要凭一己之力，劝说楚王与鲁班停止攻宋，免得宋国百姓遭受涂炭之灾。墨子一见鲁班，就一连给鲁班扣了5顶大帽子：不智、不仁、不忠、不强、不知。但楚王与鲁班听不进去，他们以为宋唾手可得，放弃了可惜。墨子做了充分准备，他也知道，战争不是那么容易制止的，那么就沙盘推演一下，看看到底谁输谁赢。

　　鲁班设攻宋之械，墨子设守宋之备，九攻九拒，鲁班技穷，墨子的守城策略还绰绰有余。鲁班戏言，说："还有一种方法，我可以取胜。"墨子何等聪明，说："即便你杀了我，我也有后手，我让弟子禽滑厘等三百人，已在宋城上严阵以待。"

第二章　史载有据　墨著有出

鲁班邮票

楚王这才无可奈何，放弃了攻宋的打算。

墨鲁的这一比，看似表面平静，实则波翻浪涌，悬念迭出。他让我们明白了：制止战争，不只靠道理，更多的，要靠实力。

第四次比巧，又回归到《鲁问》中。鲁班对墨子说："我没见你时，我想得到宋国。我见到你之后，给我宋国，假如是不义的，我也不会接受。"墨子说："我没见你时，你想得到宋国。我见到你了，给你宋国，假如是不义的，你也不接受，实际上，这等于是我把宋国送给你了。你努力维护正义，我又将送给你天下。"

话听起来玄妙，实际却并不虚妄。这是从"天下大同""利益共享""命运共同体"的角度阐释的。

鲁班原本是不太宾服墨子的。这最后一次比巧，墨子"得义如得天下"的话，是完全彻底地征服了鲁班。

（四）班墨联手 双星辉耀

鲁山民间，流传有很多墨鲁亦敌亦友的故事。最有名的，是"非攻"对弈，说两人止楚攻宋后，都回到家乡。鲁班怨气难平，又找到墨子，在深山中与之对弈多日。山里环境幽静，两个人潜心切磋技艺，研磨义理，墨子对鲁班又施之以"兴天下之利，除天下之害"的主张和思想。鲁班越听越有道理，境界不断提升，胸中积怨烟消云散，两人终成挚友。

至今，鲁山与南召搭界处的深山里，一块巨石之上，还留存着一石刻棋盘，那就是墨鲁对弈的棋盘。此山即叫棋盘山。

鲁山瀼河乡还有一座山，叫风筝山，亦因两人在此比放风筝而得名。

鲁山四棵树乡有一座千年古寺，叫文殊寺。寺内五棵银杏树虬枝盘旋，遮天蔽日，树围小者5米，大者7.5米。其中一棵，树中间被锯掉一块中心板。传盖中岳庙时，鲁班领命找树，看中了其中一棵，为保取板后，树又不死，他就找来好友墨子，两人商计，联合从中成功抽取中心板。

这是两人合作的典范。

典籍记载与民间传说相互补充，进一步印证了两个人的伟大。

今之中国梦，与墨子的"兼爱非攻"一脉相承，所倡大国"工匠精神"，又源之于巧匠鲁班。

在中国梦与世界梦深度融合的今天，我们从墨子与鲁班的数次比巧中，可以悟到很多东西。

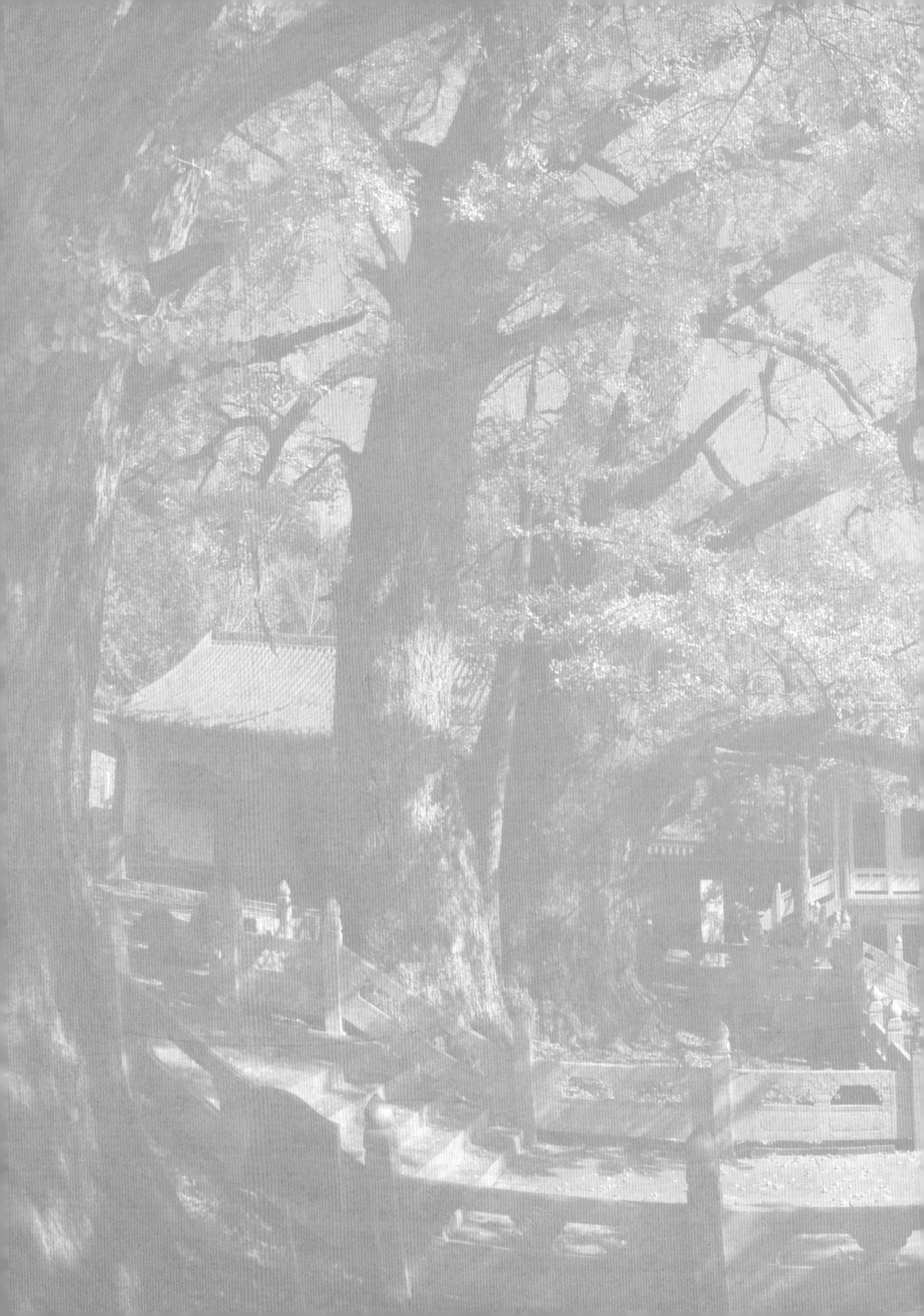

第三章
遗存丰厚 遗迹遍鲁

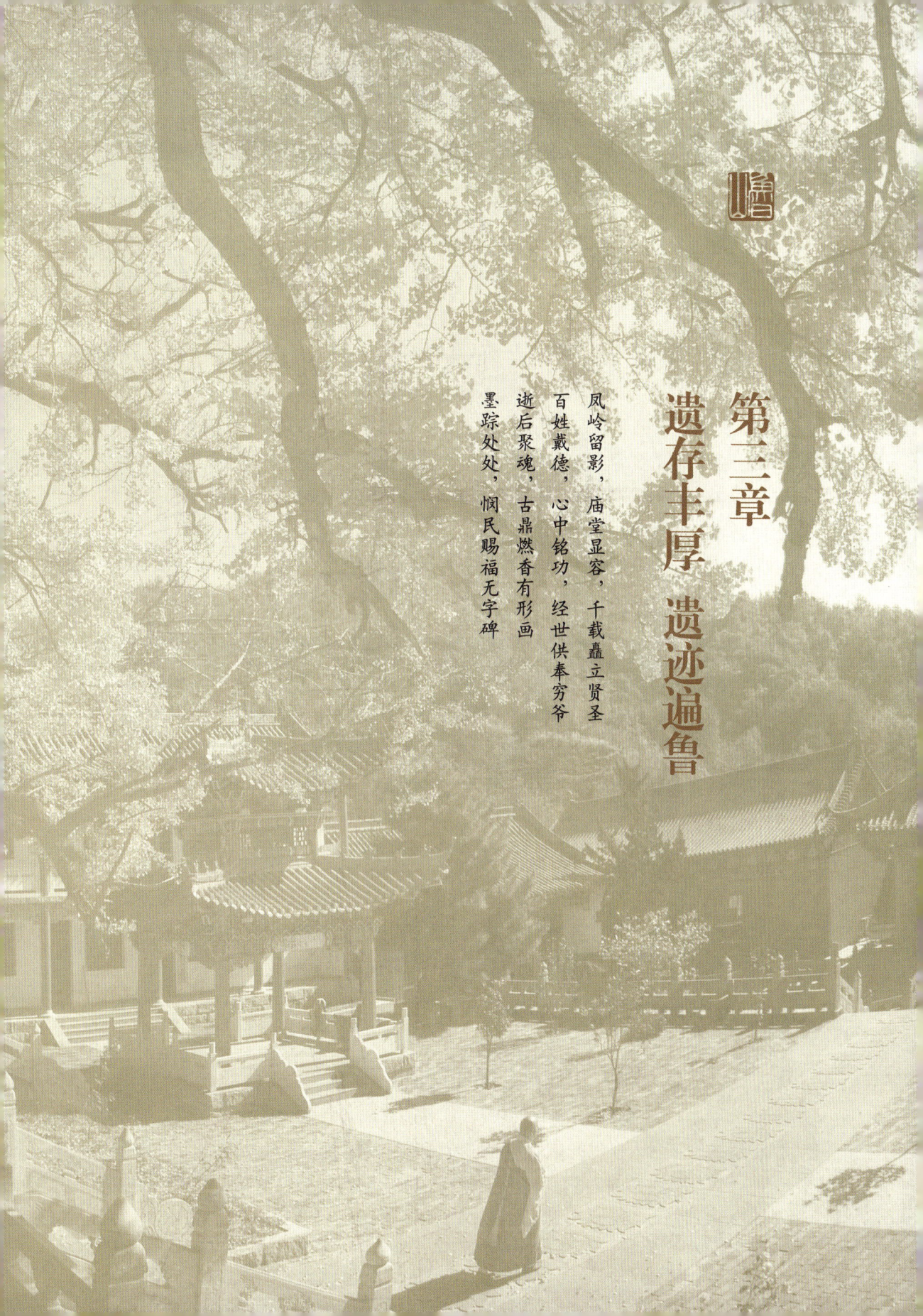

凤岭留影，庙堂显容，千载矗立贤圣
百姓戴德，心中铭功，经世供奉穷爷
逝后聚魂，古鼎燃香有形画
墨踪处处，悯民赐福无字碑

第一节 生于尧山 地名烙印

墨子于公元前480年生于鲁阳尧山镇，公元前389年卒于今鲁山县熊背乡黑隐寺黑隐洞处，享年91岁。

墨子在鲁阳县境内，无论少年读书、壮年游历、晚年隐居，在鲁阳境内活动的时长，当在60年左右。他所到之处，都留下深深的烙印。

这些遗痕，应是其直接思想实践的成果。

有关鲁山的墨子文化遗址遗存，遍布鲁山9个乡镇。主在西部山区，以尧山镇居多，也最集中。其次为熊背乡、赵村镇、库区乡、四棵树乡、团城乡、瀼河乡、辛集乡等。

鲁山县尧山镇，是墨子出生之地，这里的诸多山岭、沟壑，都与墨子有关，打着墨子的烙印。

（一）相家沟

自然村名。位于尧山镇西竹园村偏南，长约10千米。传墨子活动采椽于此。有相公庙、相家庄、石碾等遗存。

该村世代居住相氏人家。这些相姓，为墨子书中所提到相里氏、相夫氏后裔，是墨家组织继承人。他们尊崇墨子，旧时，家中均设墨子灵位。

今紧邻村南沟畔，建有墨子祠，祠中塑墨子像供奉。

（二）板房

自然村名。紧邻鲁山最西端木札岭关隘，311国道在村中经过。

传鲁班在此居住并建房，墨子鲁班在此活动，曾出土有战国、汉代陶器。附近有板河。"板"为"班"异体字，同音讹化。

村中有两株榆树，树龄2500年以上。

（三）墨庙、墨庙村、墨庙遗址

墨庙，村名，位于尧山镇西，紧邻西竹园村，传为墨子出生处。因墨子在此居住，后人在村的东北角建庙纪念。村以庙名。

墨庙遗址现有石刻几何图、庙基、庙房配件等，出土有汉至明清陶瓷等

残片。

墨庙一带有民谣曰："九里十三步，一石五间房；三块大石板，两根牛角梢。"意为墨庙到尧山"舜王图"，相距九里零十三步。

古时，墨庙建在一块大花岗岩石上，有五间庙房，三块大石板。其中一块石板的一端伸出两个牛角似的棱角。附近有古代石刻图腾岩画，上有鸟、鱼、兽、麒麟等动物图案，还有一个类似斧头的图案（疑是刀币）与一个"王"字。图案组成，似"舜王"二字，故名"舜王图"，说明这里自古有人居住。

墨庙山坡上，至今仍矗立着一尊5米高的墨子石像。

（四）墨子故里碑遗址

位于尧山镇尧山村西头，原山陕庙遗址上。原有"墨子故里"碑。该碑与山陕庙另两通碑并立于庙前（街南）大路旁，1935年秋，因扩街修路，3通碑均被拆掉遗失。遗址总面积约5万平方米。后山陕庙遗址由孙德润建柴瓦房居住。孙德润一生义务守护墨子故

相家沟

板房村

相家沟民俗表演

第三章 遗存丰厚 遗迹遍鲁

里，并牵念、宣传墨子文化，至耄耋之年去世。

20世纪80年代，亲见过"墨子故里"碑的张冠文、代洪喜、李照祥、柯守仁、毛山、戴瑞华等老人回忆，墨子故里碑高1.7米，宽0.7米，有龙凤呈祥图案，下有半米多高的碑座。碑为墨灰色，中间阴刻"墨子故里"4个大字。

2001年8月，鲁山县人民政府在院落前大路旁，立"墨子故里遗址"碑予以保护。保护遗址包括相家沟、中汤、板房、墨庙等。

（五）墨家垛、圣人垛、凤凰岭、捂窑、明炭沟、柴沟、隐杰沟

墨家垛，在尧山东侧。为一山名。山里人家，常称山为垛、寨、岭、峰等。圣人垛，在尧山深处，因墨子身材高大，形象巍然，百姓以山誉之。

凤凰岭为尧山村南一长5千米的山岭。内有教子沟，传墨子祖父墨箕在此办学讲道，培育出庄子、列子、墨子、鲁班等伟人，因以名。

捂窑、明炭沟、柴沟、隐杰沟，均为尧山镇地名。捂窑、明炭沟是因墨子制窑烧炭而名，柴沟是墨子在沟内拾柴而名，隐杰沟是墨子在沟内隐身而名。

第二节 灵凤山前 坑染记忆

鲁山县赵村镇，传说是墨子的外婆家，墨子在这里玩耍、成长，发明坑染之术。这里的墨子遗址遗存，多与坑染有关。

灵凤山

（一）灵凤山

赵村镇中汤村为墨子外婆家，后山岭名曰灵凤山。传墨母怀有身孕时，有凤凰落入怀中，故名。墨翟为凤凰转世，其名"翟"，即山雉、野鸡，鲁山称小凤凰，因而，鲁山人以凤凰喻墨子。

灵凤山上建有墨爷庙。有联曰：放踵走天涯，摩顶归故乡。

（二）墨莲池、染布坊、晒布崖

墨子在中汤村外婆家长大，在此发明橡壳坑染技术，染品颜色递次为黄、赭、青，最后为黑。有坑染民谣为证。现墨莲池、染布坊不存，晒布崖在染布坊北侧灵凤山上。

墨子像

坑染术的颜料

橡壳

（三）红佛山墨子洞

离中汤村约8千米有山名叫红佛山，山上建有红佛寺，红佛寺东200米有山崖，崖下有石洞，阔40平方米。

墨子发明的坑染术，是用温泉水煮橡壳。橡壳是当地栎树的果实。墨子挑着竹筐到红佛山捡拾橡壳，发现石崖与洞穴。石崖陡峭如切，直上直下，

墨子洞 　　　　　　　　　　　　　　墨子洞墨子像

高约20米，宽约30米。石洞穴里，有一凹形圆石板，似一口锅。石洞外有一土坑，常存着一坑水。墨子把该处作天然染坊，凹石板成了染锅，土坑成了染坑，石崖成了晒布崖。

后人把此洞称墨子洞，并在洞内塑墨子像供奉。

（四）墨子坊

位于中汤温泉口西侧山岗上。与三官庙遗址重合一处。每年农历九月初八为墨子生日，村民们在墨子坊下设古刹大会，以纪念墨子。

墨子坊原为墨子坑染作坊，坊内供奉墨子、三官爷等。2001年8月，鲁山县人民政府在此立"墨子故里遗址"碑予以保护，保护范围南北300米，东西200米。

此处地势较高，视野开阔，人称"三官庙嘴儿"。上屋三间大殿，东厢

墨子坊遗址 　　　　　　　　　　　　墨子坊内墨子像

房四间,西厢房一间,中间供奉三官(天官、地官、水官),西边供奉墨子。

有民谣:"中汤西街一庙院,里面住着三平官。墨子庙里来染布,王母看染到凡间。"

第三节 出入鲁阳 隐居著述

(一)墨子洞、黑隐寺、土掉沟

在熊背乡境,墨子晚年隐居于此。

墨子洞,在熊背乡黑隐寺村北一山坡上。先有庙,后有村庄。该地是墨子从鲁山"邱公城"去楚国南行的必经之地。当时古道艰难,此地山洞是最好借休的去处。墨子晚年回到鲁阳归宿,最后又隐居此地。当地墨子的传说很多。20世纪90年代发现该洞,发掘清理文物器具与墨子时代吻合。

土掉沟,位于熊背乡政府所在地西约1里,是墨子改姓隐名处。

葛洪《抱朴子·神仙传》称,墨子成了"地仙","隐居以避战乱"。

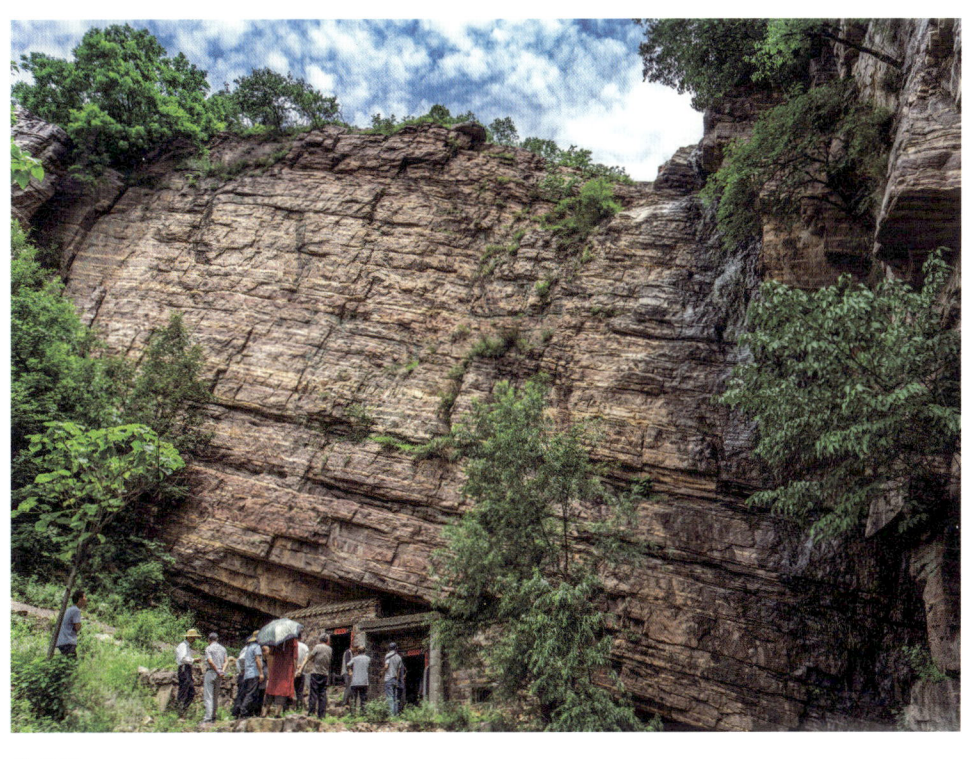

墨子洞

黑隐寺遗址

相传墨子暮年，心力不济，心灰意冷，去掉"土"字而改黑姓隐居此地。

黑隐寺遗址，位居土掉沟正北500米，黑隐寺村北田地中。寺东侧岗上，即为墨子洞。因墨子晚年在此隐居，后人建寺纪念。遗址东西宽60米，南北长70米，占地总面积4200平方米，文化层厚2米，地表可见绿釉筒瓦片、灰胎白瓷片、红胎白地黑花瓷碗片等。

从地图上依上北下南分析，"黑"在"土"上，二字相合，正为"墨"字。

墨子洞、黑隐寺、土掉沟均为市级文物保护单位。

（二）鲁阳古关

在今鲁山西南熊背乡境与南召县接壤处，号称中国长城百关之首。为洛阳与南阳盆地间交通要冲，自古为军事必争之地。

该关南起南召云阳镇，北入鲁山熊背乡，再入瀼河乡，至鲁山县城。关路处于南北走向的断裂大峡谷中。谷底最高海拔190米，比鲁山县城仅高出60米，东面和西面山岭海拔在700米以上，是最重要的楚关通道。

在中间点即南召鲁山分界处，有关楼建筑"过风楼"。过风楼坐南朝北，由南召人管理。此过风楼拆毁于1972年。

鲁山通往鲁阳关的古路，又称三鸦路、古鸦路。东晋太元三年（378），苻坚攻襄阳，使石越率精骑出鲁阳关，即此。

高诱注《墨子》："鲁阳，楚之县公，楚平王之孙，司马子期之子。《国语》所称鲁阳文子也。"高士奇《左传姓名同异考》云："公孙宽曰鲁阳文子，亦曰鲁阳公。"

据《渚宫旧事》，墨子献书楚惠王在前440年。他由鲁阳关出关，行至楚都郢。"止楚攻宋"的故事中，墨子亦是由此去南方见楚王的。

鲁阳关塞十分艰险，历代诗篇都有反映。

《水经注》云："鲁阳关，左右连山插汉，秀木干云。"

晋张协诗："朝登鲁阳关，峡路峭且深。流涧万余丈，围木数千寻。咆虎响穷山，鸣鹤聒空林。"

唐李白诗："胡风吹代马，北拥鲁阳关。"

（三）楚长城遗址

楚长城为中国最古老的长城。楚国所建。

楚国于公元前678年即楚文王十二年、周釐王四年占领鲁阳。公元前387年，鲁阳被魏国吞并，鲁阳归楚统治前后达300余年之久。

鲁阳被魏国占领的时间，已在墨子去世后的第三年。

鲁阳自古迄今，都是一个相对固定的行政区域，这是由它的特殊地理环境决定的。

鲁山县城，地处伏牛山东部两条山脉夹峙的马蹄形盆地内，南沿为江淮

楚长城边墙

阿婆寨楚长城

分水岭，北沿为潩汝分水岭。地势西高东低，西端为伏牛山主峰尧山，海拔2153米，东部山口平原处，海拔仅100米，全境东西长约100千米，南北宽约35千米，面积2432平方千米。鲁山周边山峰一般在1000米上下，楚长城的遗迹就存在于鲁山周边的山脊上。

鲁阳作为楚长城的前沿阵地，以一个椭圆形的卫城形式，守护着以长江中游湖北、南阳为中心的楚国版图，也守护着鲁阳小国自己的安全。

楚长城，是人工借天然山系构筑的边疆防卫工事，似"门"字形状，被誉为"中国长城之父"。

楚长城最西头，起自湖北竹山县，跨汉水，辗转至河南邓县，往北经内乡县，再向东北经鲁山、叶县，往南跨过沙河直达泌阳县。总长将近一千里。从地理位置上看，这一道长城正好处在当时楚国都城郢都的西北和东北面，对于防御较为强大的诸侯邻国秦、晋、齐、韩、魏等的进攻是恰当的。

公元前688年，楚占领长江汉水流域诸小国。以江淮分水岭为屏障，加筑人工工事，又停了十年，即在公元前 678 年占领周王京畿之地鲁阳，并在鲁阳北沿山岭加筑人工工事。为了巩固北方，楚王把鲁阳侯国提升为公国。作为楚长城北端的外部屏障，这样，鲁阳周边山岭都有了防卫工事。鲁阳山盆地段的环形防卫工事，即形成了楚长城的前哨卫城。

这个"鲁阳卫城"在春秋战国时期，确实起到了重要的防卫作用。

鲁阳周边借山岭、沟堑、关隘、天然险阻，加筑人工石垒兵防形成的椭圆形城池，若实地绕一周踏行，不下千里。

鲁阳地理环境特殊，还有很多小的城池。城连城，城套城，城对城，形成并留下诸多古代军事标本。

墨子对楚王自称是"北方之鄙人也"，即指鲁阳属楚时，楚国北方边陲的人。此处"鄙"指"郊野之处、边邑"。

（四）墨子著经阁

位于鲁阳故城邱公城西侧，今之金山环岛上。相传鲁阳公极爱墨子之才，而封官墨子不受，于是便为其建宅立阁，助其著述。

金山环遗址，在库区乡境昭平湖中山岛上。该遗址东西长 900 米，南北

墨子著经阁

宽 260 米，占地总面积约 23 万平方米。

遗址内发现有春秋战国、汉唐诸代陶片及古建房饰等物。

著经阁

第四节 传道授艺 诸多遗迹

墨子在鲁,一生传道授艺,留下诸多遗迹。

(一)茅山道院

位于瀼河乡黑石头村西岗茅山脚下。墨子在此收徒授艺。战国至汉代文化遗址,出土有战国绳纹灰陶罐、陶豆、汉砖、汉代板瓦等文物。道院房基、古井等遗存尚存,面积约18万平方米。2006年12月公布为县级文物保护单位。

杜建荣老人口述,茅山道院,弟子三千,隔日学文,间日习武,除学习墨家道术外,还学木工、石工、制陶、竹工、酿造等。鲁山人来此学习,称之为"茅山学艺"。当地流传民谣《捶金鼓》,谣中的"墨老道",就是指的墨子,因茅山遍生茅草,故墨子谓"昧茅坐之。"

(二)禽滑厘问学处

茅山道院西南侧,有座山遍生茅草,故名茅山。

《墨子》书中,说禽滑厘弃儒从墨三年,墨子也没能单独传授他技艺,甚感惭愧。于是"管(灌)酒块(扛)脯,寄于大山,昧茅坐之,以樵(瞧)禽子"。意思说的是墨子提着买来的酒,扛着果脯,从道院来到茅山,把茅草按倒,两个人盘腿而坐。一方面墨子是慰问禽滑厘,一方面给他讲述道理。

文中"灌""扛""昧""瞧"均为鲁山方言,"灌"是买,"扛"是用臂挎着,"昧"是按倒,"瞧"是带着礼物看望。

(三)墨子讲道处

墨子除在茅山道院授徒,还游学四方,设点传道。今距鲁山县城30千米的团城乡与熊背乡相邻处,有一山曰大石垛,山高600多米,垛顶有墨子讲道处。今人亦称墨爷庙。庙中墙上,有斑驳古图,绘墨子讲经场景。另一面墙壁上,又有墨子说服楚王放弃攻宋的"弃攻图",和墨子讲经劝善,感动天神,天神云中赠送墨子夜明珠的"天神赠宝图"。

（四）墨子书院

位于沙河北岸瀼河乡尹村东侧高岗上。地势东、北两侧略低。东为耕地，南邻昭平湖南干渠，西侧为尹村村庄。该遗址东西长500米，南北宽200米，总面积10万平方米。遗址表面可见春秋战国时期瓷片、陶片、汉代瓦片等。

2006年12月，县政府将此处公布为文物保护单位。

（五）墨灵学馆

位于四棵树乡土楼村东。为墨子给家乡山民传经、习武、演绎防卫战术之所。内中塑张天师像、墨子像，并有墨子授徒习武场面。面积约1050平方米。

2006年12月，公布为县文物保护单位。

墨灵学馆　　　　　　　　　　　　　　墨灵学馆记碑文

（六）墨城与日月龙地画

位于昭平湖西南沿二龙岗上。黄土质地。属在黄土岗上刻日、月龙形地槽，再夯入红色土、白色土而成的图案。

龙长40米，月长10米，日阔4米。平时淹在水库中，大旱时节，水位下降时方能露出。2000年夏，曾露出全图，《中国文化报》有报道。

龙图头朝东，尾朝西，背朝南，腹朝北，身长32米，游走状，通身蜿蜒起伏，呈四个连续拱弧状，极富动感，伸长应在40米。前身宽1.6米，后身最窄处0.4米。头形似蛇头，亦如鳄鱼，张开嘴巴如钳形。口叉长近3米，开幅60°，上唇鼻拱处宽1米，如猪之拱嘴。头上有冠，高1米，宽0.8米，如鸡冠状。四条腿呈长方形，如人之裤筒状，每腿宽在0.8米左右，长在2米上下。四腿姿势不同，一、三足向前倾斜30°左右，二、四足与龙身基本垂直，若奔象走马。尾巴是典型的鲤鱼尾巴，扇状，剪刀形，长1.6米，叉宽1米，此尾巴即尾鳍与龙身交接处最窄，仅为0.4米。

就该龙的整体造型而言，具有禽、兽、虫、鱼四大特征，可归结为禽冠、兽腿、蛇身、鱼尾。

中国龙经历了鳄鱼龙向蟒蛇龙的转化，而蟒蛇龙至少在周代即已形成，一直延续至今。鲁山地画龙或许是鳄鱼龙向蟒蛇龙转换时的产物。也有人提出，此图极似汉画，然从现场陶罐等文物看，以春秋战国居多。尤以春秋战国之绳纹灰陶罐最为典型。

龙身下面，北侧20米处，有一白色土质的太阳，略呈椭圆形，长径4米，短径3.8米。龙头东侧略偏北100米处，有一白色月亮造型，月牙长径10米，中间有一枣核形人状，如山字形的一竖，整体如渔姑乘舟，亦酷似山字。群众称此月亮为"嫦娥奔月"。

从龙头经月亮再向东北，湖水延伸约2000米，即邱公城。邱公城是鲁阳古城，是鲁山最早的城池聚落遗址，有仰韶、龙山、汉代三层文化叠加，

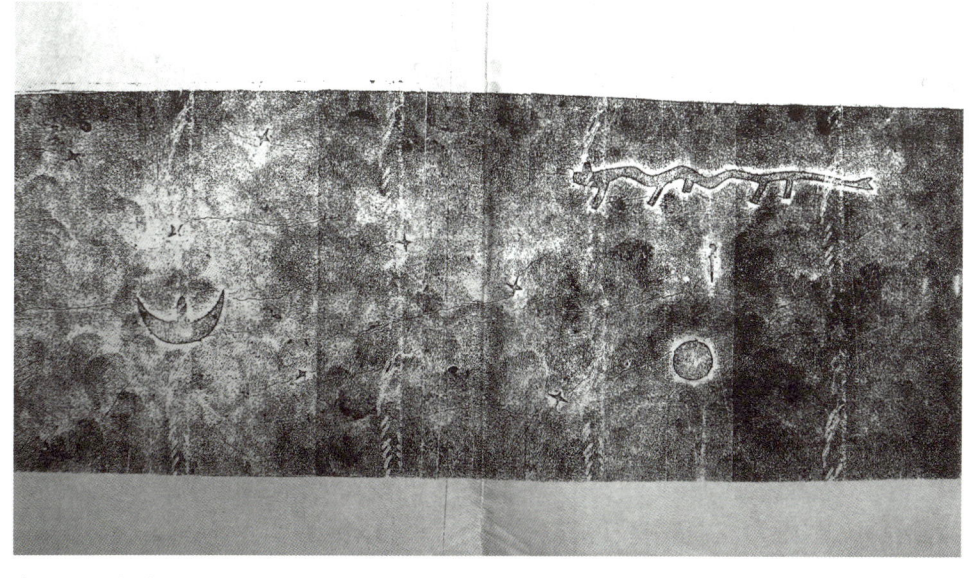

鲁山日月龙地画

为夏代御龙能手刘累故邑。

昭平湖的东岸，有刘姓始祖刘累墓与东汉开国皇帝刘秀招兵台。

鲁山地方文物工作者考证，日月龙图地画与鲁山图腾有关。画出现在豢龙故里，制作时期为春秋战国，恰是鲁山历史上龙文化与墨家文化的聚合点。邱公城又为刘累故邑，其南一里许又有墨城（群众又称蛮城），所以，该图与墨家活动有关。

第五节 交结挚友 地名颂传

墨子一生在鲁阳，有很多朋友。他们在一起谈经说道，论辩治理天下的方略。由此，亦留下了不少地名。

（一）邱公城

为鲁阳古城遗址。系墨子与鲁阳文君问对处。两人为好友，他们的多次对话，都发生在此处。

该遗址在今昭平湖内，随水位高低时隐时现。水位低时，岛顶露出水面高15米左右，面积30万平方米。遗址文化层一般厚3.5米，最厚处4.5米，

昭平湖风光

有大量陶器碎片、红烧土、石斧、石铲、鹿角、兽牙等出土。上层为汉代文化层，中层为龙山文化层，下层为仰韶晚期文化层。

邱公城为夏代尧之裔孙刘累故邑。刘累为刘姓始祖。

县级文物保护单位。

（二）仁义庄

村庄名。在邱公城西北方，距墨子著经阁二里许。墨子在著经阁上著述，闲暇时，常到附近村庄，为百姓讲经传道。受墨子仁义思想的影响，附近百姓人人为善行义。有一次，一外乡人讨荒来此，挖出不少银子。他将银子交给乡邻，竟无一人肯要，连地方官也无法处理。墨子闻知此事，深感附近村子百姓良善，遂亲书"仁义"之匾送给庄上乡邻。后来，人们就将该村庄叫仁义庄。

（三）墨子鲁班抽中心板处

位于四棵树乡境文殊寺。寺内5棵树龄达2800年的古银杏树，其中一棵，有中空的锯齿痕迹。传墨子、鲁班两人联合，在大银杏树正中间，抽走了一

墨子与鲁班抽中心板处

块中心板，作建筑用。

（四）盆窑村

今瀼河乡黑石头行政村盆窑自然村。靠近古鲁阳关。

清嘉庆《鲁山县志》人物传第一位是墨子，第二位是吴虑。吴虑即盆窑村人。《墨子·鲁问》记述："鲁之南鄙人，有吴虑者，冬陶夏耕，自比于舜。子墨子闻而见之。"说明吴虑不光陶艺技术高超，而且有较高的道德修养。

至今该村烧窑的老陶匠还敬奉着吴虑牌位。

（五）风筝山、放鸢塔

位于瀼河乡黑石头村东南，山上有4个放鸢塔。

《墨子·鲁问》："公输子削竹木以为鹊，成而飞天，三日不下，公输子自以为至巧。"《韩非子·外储说左上》："墨子为木鸢，三年而成，蜚一日而败。"说的是墨子与鲁班比放风筝。地点就在此山。后人为纪念他们二人比巧一事，把此山叫风筝山，并在山上建放鸢塔。

（六）黑山庙

位于张店村西北2.6千米，黑山坡上。庙西有自然村，名庙西村；庙东有自然村，名庙东村，亦称庙前村。

黑山，是座突兀的孤山，海拔约200米。山的东南是白山庙坡，北面是崇山峻岭，有走马岭和青条岭相连。在白山庙坡西侧山腰上，有古道去汝州、洛邑。"黑山回照"为鲁山古八景之一。庙上原立有8通石碑，现多已不存。

清康熙《鲁山县志》："黑山，又名乌山，县北十八里。鲁阳公与韩构难，日暮挥戈，夕阳返照。后光武为王莽所追，至此昏黑，因举手祝天，日亦返照。"

清乾隆八年（1743）《鲁山县全志》在王雍《重修琴台记》中道："北望乌山，挥戈返照之地，鲁阳公之旧迹尤有存者。"

《淮南子·览冥训》："鲁阳公于韩构难，战酣日暮，援戈而挥之，日为之反三舍。"此系记载约公元前440年的鲁韩战争。

这一战事和"鲁阳挥戈"典出，即在此山。

相传，墨子将"墨"字下边"土"字去掉后，隐为黑姓，住在该山上传道。

后人为纪念他，就把该山称为黑山，把传道的墨子奉为黑山爷敬了起来。

随着朝代更迭、时代变迁，黑山庙屡兴屡废。

（七）抱子坡、娘娘山

昭平湖北侧，观音寺乡境相邻的两座山峰。

《淮南子·览冥训》所记："鲁阳公于韩构难，战酣日暮，援戈而挥之，日为之反三舍。"此时，鲁阳公夫人在黑山西大约10里地处，远远地抱子观战，见战旗旗杆倒下，她误以为鲁阳公身亡，遂跳崖殉夫。而此时太阳正当西落。鲁阳公一看天欲黑，挥动长戈，令太阳返回。四周山野又亮了起来。实际上，是墨子率领弟子和救兵，举着火把赶到了。他们联合，终于杀退了韩兵。

抱子坡、娘娘山因此而得名。

（八）棋盘石

位于团城乡和四棵树乡境，与南召县接界处的棋盘山顶，海拔1000余米。此山又叫铧翅山、白云山、滑石山。棋盘刻在花岗岩石背上。石体呈椭圆形，面积3.6平方米，刻迹深约1厘米，长方形。南北长约80厘米，东西宽约40厘米，斜线交叉，似古"八阵"中的方阵，棋盘分两部分，一部分如古八阵中的轮阵（守方），一部分为方阵（攻方），为战国石刻，相传为墨子及其门人演练兵法的场所，墨子鲁班曾在此对弈，具有历史、艺术、科技、文物价值。

1997年，鲁山县人民政府将其公布为县级文物保护单位。

团城乡，因有团城山而得名。团城乡正处在团城山盆地中。民谣曰："大团城，小团城，大小团城千万重；里三层，外三层，层层卧虎又藏龙。团城方，团城圆，白云山上架棋盘；千军万马攻不进，墨爷保咱老平安！""墨爷"即墨子，民间传说多称其墨爷、墨王爷。

团城山如莲花状。周边山岭突起有五山、五垛，即棋盘山、太子山、马野寨山、瓮子垛、大石垛、风帽垛等。这些山和垛如莲花瓣，尖端多有石寨，都是楚长城的列城、列寨。团城山南岭沿是鲁山与南召的交界线，即江淮分水岭的一段，东西长约20千米。鲁山境内也有全为自然山盆城池，而无人工石垒。有老鸹崖石垒流传民谣："墨子洞，墨子城，石门阵里练兵营。"

第六节 德昭古今 祠庙众多

墨子历遭封建统治者封杀，墨学几乎绝传，浩浩中国没有墨子存身之处，唯独鲁山有墨子祠，10余处。

墨子祠有二：一在尧山镇西竹园村。一在尧山镇尧山村西头，通往尧山去的公路南侧山腰处。此祠原在尧山村西街路南，因20世纪初被山陕商人拆去建了山陕庙，故而移此。

墨子祠

鲁山辛集乡穷爷庙

西阳石村润国寺

墨子庙有三：一在尧山镇墨子出生地墨庙村。二在赵村镇郑尧高速出口南侧山岈处。三在团城乡大石垛山上，原为墨子讲道处，今为祭祀墨子之庙。赵村镇中汤村还有墨子坊。

墨爷庙有二：一在赵村镇中汤村灵凤山上，有联曰："放踵走天涯，摩顶归故乡。"一在辛集乡龙鼻村四峰山上，山下有墨子井。

穷爷庙，在辛集乡徐营村东凤凰岭。当地百姓相传，墨子为穷苦人奔走代言，他最爱穷人，是谓穷爷，遂建了一座简易的庙，称"穷爷庙"。至今，当地仍有祭祀活动。

坑染祖师庙，坐落在中汤村大街墨莲池旁。

鲁阳全神殿，坐落在下汤镇朝阳观内。殿中墨子与元神仙（元德秀，唐时为鲁山县令）、张三丰（相传为鲁山南关人）、索龙王（索笊，相传辛集乡漫流村人）共坐殿中。

尚义殿，坐落在辛集乡西阳石村润国寺中，为一配殿，供奉有墨子和关羽。

第四章
桑梓情怀　墨子遗风

兼相爱，奔走鼓呼用方言；交相利，鞠躬尽瘁留遗风

墨子，是用方言写作的一位作家

作为圣贤，墨子活在典籍；作为平民，墨子活在民间

鲁山对墨子的眷念，莫过于民风民俗的融入

第一节 文化巨柱 方言写作

《墨子》书中，鲁山方言多的，定是墨子亲著无疑，少的或没的，可能是他的弟子或后学整理记录增删的。

下面所举《墨子》里的鲁山地区方言，由于几千年的文化交流，个别词语在其他地区也会出现，但这么多方言土语统统与鲁山地区方言相合，绝非偶然。如果墨子不是鲁山人，他是讲不来那么多鲁山土话的。由此可以看出，墨子是土生土长的鲁山人。

墨学专家郭成智、萧鲁阳、李玉凯、张新河、张怀发、郑建丕等对墨子的方言有专门研究。李玉凯对《墨子》一书的方言习俗做了简单汇集，找出了66个方言。

大量鲁山方言集中体现在《墨子》一书中说明，墨子不但土生土长在这里，而且与这片山川感情深厚，血脉相连。

墨子故里碑　　　　　　　　　　　　　尧山古岩画

鲁山方言　频见墨著

墨子，是用方言写作的一位作家。

《墨子》一书使用的鲁山方言，粗略计有百余处。试列几例。

1. 中

"中"这个单音词的含义有中心、中间、符合、适合、恰好、得到等意思。在鲁山地区方言里，它还有"行""成""好""可"的意思。鲁山地区对"行不行""成不成""好不好""可不可",都可以说成"中不中"。

《辞过》第六中,墨子谈到圣王的"衣服之法"时曰:

> 古之民未知为衣服时,衣皮带茭,冬则不轻而温,夏则不轻而清。圣王以为不中人之情,故作诲妇人治丝麻,捆布绢,以为民衣。为衣服之法:冬则练帛之中,足以为轻且暖,夏则绨绤之中,足以为轻且清。谨此则止。

这里共用三个"中"字,第一个"圣王以为不中人之情"的"中"是符合的意思。后两个,即"冬则练帛之中"的"中"和"夏则绨绤之中"的"中",都是"行"和"可"的意思。是说冬天穿生丝做的衣服就行了,已经够轻和暖和了;夏天穿细葛或粗葛做的衣服,也就可以了,已经很轻和凉爽了。李渔叔把第二、第三个"中"翻译为"中衣",即古时的内衣,这个解释是不对的。因为夏天是无须"中衣"的,墨子又那么注重节用,他怎能忍心叫人那么浪费?

《墨子》里把"中"字当"行""成""好""可"来用,是很多的。如《法议》第四:"百工为方以矩,为圆以规,直以绳,正以悬,横以水。无巧工不巧工,皆以此五者为法。巧者能中之,不巧者虽不能中,放依以从事,犹愈已。"这里用的两个"中",都是鲁山地区所说的"成"和"好"的意思。墨子是说各种工匠只要照着上面五个法度去做,巧者能做成做好,不巧者虽然不行,但只要模仿着干,也一定能胜过自己。这里所用的"中",都是典型的中原鲁山地区方言。

2. 石、斗

石和斗是过去通用的计算容量的单位,本身并不是鲁山地区方言,但鲁山地区群众过去说到重量时,不说斤称,而总以石和斗代替重量,如"这辆车可以载十石","这粮食有七八斗"。《墨子》里也有大量的这种说法。如《鲁问》中,墨子谓公输子曰:"子之为鹊也,不如翟之为车辖,须臾刘三寸之木,而任五十石之重。"《备城门》中:"五十步积薪,毋下三百石。"又曰:"百步一井,井十瓮,以木为系连,水器容四斗到六斗者百。"过去许多学者把斗误作"什"或"十",实际是不懂鲁山地区人的方言习惯。

3. 饥、安生生

《尚贤》中,王公大人问墨子:"为贤之道将奈何?"墨子曰:"有力者疾以助人,有财者勉以分人,有道者劝以教人。若此,则饥者得食,寒者得衣，乱者得治。若饥者得食，寒者得衣，乱者得治，此安生生。"《节葬》中，墨子在批判古人处丧方法时说："处丧之法，将奈何哉？曰哭泣不秩声翁，缞绖垂涕……又相率强不食而为饥。"这里说的"强不食以为饥"，即忍着饥不吃饭。本来可以说忍着"饿"，但却用了"饥"。又如《非攻》："食饭之不食，饥饱之不节"和《兼爱》"饥则食之，寒则衣之"处处皆是。

饥也即饿，鲁山人常说饥，不说饿；说饥不饥，而不说或少说饿不饿。要说饿不饿，就有了书面用语的成分。

"安生生"含安定、安宁、安全、安静意。社会安定，百姓安居，我们这一带常说成"安生、安生生、安安生生"。人畜温顺喻之"安安生生"，社会动乱，民不聊生，叫百姓"不得安生"。旧社会战乱频仍，一方百姓常感叹："啥时候，咱们才能过上安安生生的日子呢？！"

墨子有一颗博大仁爱之心，他牵挂百姓的苦乐忧凄，盼望着普天下人吃得饱穿得暖，能过上幸福日子。这是创作的本真，是文学的原点。

鲁山籍在台湾墨学家冯成荣（已故）有打油诗，曰："墨子兼爱又非攻，席不暇暖为苍生。游说诸侯别打仗，希望人民安生生。"

4. 荡口

《墨子·耕柱》中，墨子同鲁阳文君对话，曰："言足以复行者，常之。不足以举行者，勿常。不足以举行而常之，是荡口也。"在同篇与巫马子对话时又曰："子之言恶利也？若无所利而言，是荡口也。"

"荡口"是什么意思？孙诒让《墨子间诂》以为是"不可行而空言"，是"徒敝其口也。"李渔叔《墨子今注今译》"徒费口舌"。其实这是鲁山地区土语，意指那些言不由衷、夸夸其谈、唠叨不休、并不实行的人。鲁山地区群众现在仍称这种人"荡子嘴"或"汤子嘴"，也说"滚汤子嘴"，既有白费口舌之意，也指夸夸其谈之人。

墨子在这里，给鲁阳文君说的就是：说到能做到，就不妨常说；做不到就不要多说；做不到还要常去说，那就是"荡子嘴"了。对巫马子是说："你说的话对人有利没利？若没有利你还说，就是说废话的'荡子嘴'"。那么何以叫"荡子嘴"？因为墨子家乡有一温泉叫上汤，温泉水又流向沙河，发出"咕嘟嘟""哗啦啦"的响声。这响声终日不断，没完没了，就像一个人唠唠叨叨，无休无止。后来鲁人就把夸夸其谈的人称作"汤子嘴"。又因鲁人称开水叫"滚水"，因而又把"汤子嘴"说成"滚汤子嘴"，古时汤、荡相通，就称作"荡口"了。

5. 隆火

《非攻》："予既受命于天，天命融隆火于夏之城间西北之隅。"

这"隆火"二字，也把一些墨学家们搞得莫名其妙。毕沅《墨子注》说"隆疑作降"。王念孙《读书杂志》与李渔叔以为"隆与降同"，孙诒让也不得其解，只好从毕、王之说，认为天命融"隆火"就是"降火"。

实际上他们是都不懂鲁山土话。

直到今天，鲁山地区群众仍把"生火""点火"叫"隆火"。譬如冬日客人到家，就说"快拿柴隆火"或"把火隆起来"。意即让客人烤火取暖。

尧山初雪

古时，鲁山多烧柴草。墨子故乡林木和毛竹多，多烧竹木。因松木、柞木、毛竹等富含油质，烧起来，火势很旺，竹节啪啪作响，火焰隆隆有声，故鲁人又叫一堆火为"一隆火"，把生火、点火叫作"隆火"。

6. 毁丑

《贵义》中，墨子曰："今士之用身，不若商人之用一布之慎也。商人用一布布，不敢继苟而仇焉，必择良者。今士之用身则不然，意之所欲则为之；厚者入刑罚，薄者被毁丑。则士之用身，不若商人只用一布之慎也。"《亲士》曰："昔者文王出走而正天下，桓公去国而霸诸侯。越王勾践遇吴王之丑，而尚摄中国之贤君。三子之能达名而成功于天下也，皆于其国抑而大丑也。"

这里所言的"毁丑"和"丑"是同一含义，今多指丑陋和令人厌恶或可耻的事物。

鲁山人把丢面子和受污辱，叫作"丢丑"或"出丑"，有时也叫"丢人"。上面前者说的是，今天士人君子用自己的身体，还不如商人用一个钱慎重。商人用钱买东西总是要挑好的；而士人只要想到是自己该做的事情便去做，结果重者遭到刑罚，轻者毁声"丢丑"，所以士之用身还不如商人用一个钱慎重啊。《亲士》中说的是，晋文公曾经逃亡，齐桓公也曾丢掉国家权力，越王勾践在吴王那里受到那么大耻辱，丢那么大丑，他们三位后来成功名扬天下，却是丢了大丑，遭受了挫折啊！

李渔叔简单释为"丑与耻同"，乃不知鲁山土语"丑"与"毁丑"的真正意义。

7. 强梁、不材

《鲁问》中，鲁阳文君以郑国人三世杀父，已受到了天的惩罚，也要帮助天去讨伐郑国时，墨子劝鲁阳文君说："譬有人于此，其子强梁不材，故其父笞之。其邻家之父举木而击之，曰：'吾击之也，顺其父之志。'则岂不悖哉！"孙诒让释"强梁"曰："老子云：'强梁者不得其死。'《庄子·山木》释文云：'强梁，多力也。'"《诗·大雅·荡》《毛传》云："强梁，御善也。"孔疏云："任威使气之貌。""不材"是什么意思，他们没有解释。

实际上，"强梁"乃鲁山地区方言，是蛮横、霸道的意思。比如说"这个人多强梁"。"不材"是说一个人没能耐，没出息，鲁山地区称之为"没材料"。

在这里，墨子劝鲁阳文君说：譬如一个人，儿子蛮横霸道，很"没材料"。父亲用鞭杖打他，而邻居的父亲也举起棒打，还说打是顺其父的意志，这不是很荒谬吗？墨子的话说得是很明白的。

8. 宾服

《节用》中，墨子曰："古者尧治天下，南抚交阯，北降幽都，东西至日所出入，莫不宾服。"《非攻》中曰："彼不能收用彼众，是故亡。我能收用我众，以此攻战于天下，谁敢不宾服哉？""宾服"一词，鲁山以外地区很少作口语用,多用作书面语,而鲁山地区,却是普遍流行的口语。它有服气、服从的意思,也有臣服的意思。李渔叔释作"归降"是不确切的。如现在鲁人仍常这样说:"你厉害咋的?人家就不宾服你!"或说:"这个人真行,咱宾服人家。"

9. 待客

《七患》,墨子在谈国家的七大祸患时,谈到第三患时曰:"先尽民力无用之功,赏赐无能之人,民力尽于无用,财宝虚于待客,三患也。"这里说的"待客",指以丰盛的酒食招待客人。今人多言请客或宴客,而鲁山地区群众至今仍习惯说"待客"。如人们常说:"今天李家待客了。""你家待了几桌客?"墨子这里说的是耗费民力去做无用的事情,赏赐没有才能的人,国家财宝都为请客用完了,这是国家的第三祸患呀。

10. 将养

《非命》中,墨子说,如果相信天命,在上位的人就不主政事,在下面的人就不去工作,这样就会"上无以供粢盛酒醴祭祀上帝鬼神,下无降绥天下贤可之士,外无以应待诸侯之宾客,内无以食饥寒,将养老弱"。孙诒让以为"将养是扶养之误"。李渔叔把"将养"释作"持养"。"将养"在鲁山地区多指调养、赡养、扶养,并含有艰难维持生命的意思。如嘱咐病人说:"好好将养,不要着急。"意指调养休息。还说:"这孩子多喜人,可要好好将养着。"这里指扶养。还说:"老人家老了,可要给将养好。"这里多指赡养。

11. 阴暴

《非攻》中有"帝乃使阴暴毁有夏之城"。有学者释"阴"为"隆"字之误,"暴"者"爆"之假借字。实际上"阴暴"一词,在鲁山及其周围地区,是一个使用很广泛的方言,也很容易为大众理解。阴为暗中、偷偷地不被人发现,暴有糟蹋、欺凌、损害、毁灭等含义。"阴暴"即暗中给人以伤害、损害、破坏。在俗语中,有"你阴暴人""我被人阴暴了"等说法。

《墨子》一书中,还有不少鲁山及其周围地区的方言土语。

12. "正好"与"沿墨儿"

"沿墨儿"是古鲁阳传播至今的特有方言。

在鲁阳地区,古代民间原本含义是沿着墨子所指"义"的路线走没有错儿,是对的,是恰倒好处的。演化至今,仍在应用"沿墨儿"的口语,其义仍是"刚好""正好""恰倒好处"。

《天志》:"义者,正也。何以知义之为正也?天下有义则治,无义则乱,我以此知义之为正也。"其意是,墨子说:"义即是正,因何知道义即是正呢?天下有义就治理,无义就混乱,我因此知道义就是正。"《耕柱》曰:"今用义为政于国家,人民必众,刑政必治,社稷必安。"所以"义好"就是"正好"。就是现今所讲的"实施的政策好",即是"政好"。以后,"正好"又演化为"恰到好处"。

墨子是平民圣人,工匠出身,他的好多说法和工程、工匠有关。如《法仪》曰:"百工为方以矩,为圆以规,直以绳,横以水,正以悬"等。工匠在做工时,使用有绳墨,今俗称"墨斗"。墨斗是校正曲直的工具。它是楚国工匠常备的器具之一。工匠放出墨线,再弹出墨线印记,就是做工的规矩、标准。工匠必须沿着墨线做工——"沿墨儿"走,不会出偏差、错误。这就是"刚好""正好""恰倒好处"。古代,墨子在鲁阳教工匠放墨线、弹印记,按照墨线印记做工,叫"沿墨儿",就是沿着墨子放的线走。

鲁山在1949年以前,还活跃着信奉墨子的民间组织——"成义堂"和为推行墨家"兼爱""行义"的民间劳动匠人班子——"堂匠班"。"沿墨儿",这句本属"成义堂"和"堂匠班"的匠人专业术语,逐步地推而广之到鲁阳地区成为通俗用语。所以,"成义堂"和"堂匠班"等类民间劳动匠人,对"沿墨儿"的真正含义,是再明白不过了。

"正好"和"沿墨儿",这两句现代的鲁山民间通俗用语,是墨子长期生活在鲁阳的佐证。它正是我国战国时期,墨子思想产生于古鲁阳地区而流传至今的历史印记。

13. 批扞之声、杀伤人之孩

在《修身》中,墨子教训士人君子曰:"谮慝之言,无入之耳;批扞之声,无出之口;杀伤人之孩,无存之心。"

这里墨子教诲士人君子,不要听信谗言,不要说伤人的话,不可有害人之心。而孙诒让《墨子间诂》说:"批,击也。"张纯一《墨子集解》说是"口不出恶言",李渔叔《墨子今注今译》释为"批与击同,扞与扰同"。说"批扞之声"是指打击人的声音。

在鲁山地区,人们把竹竿和木杆破裂损坏叫作"批"或"劈",如"这杆给弄批了"。破裂的竿或杆，发出的声音很难听，故，鲁人把这难听之声比作"破竹杆腔"。墨子说的"批扞之声，无出之口"就是叫士人君子不要说难听的话。

墨子何以用"破竹杆腔"作喻呢？因其家乡在鲁山西陲，紧靠伏牛山主峰木大岭东侧。这里山峦起伏，河水纵横，不但有茂密的森林，还有大片竹林，现今还有竹园、小竹园、竹园沟、竹园岭、东竹园、西竹园等村庄。墨子出身贫贱，幼时出没在林海、竹园中，砍竹伐木，那破劈的竹与杆发出的刺耳声音，是一定听够了的。

"杀伤人之孩"一语，毕沅《墨子注》释为"孩当读如根荄"，后人多从毕氏之说。其实毕沅的解释不对。"杀伤人之孩"，是鲁山俗语，即杀害别人家的孩子的意思。古人把杀害别人家不懂事而幼小的孩子，视为罪大恶极，因而常以此作比。如今天仍有人为了标榜自己的清白和善良，就常说"咱绝不会把人家的孩子丢坑里撂井里"。意思即是说不会杀害人家的孩子。

14. 管酒块脯，昧茅坐之

《墨子·备梯》中记述：禽滑厘像仆人一样侍奉墨子三年，手脚磨出老茧，却不敢问墨子自己想要知道的东西，墨子心里过意不去，"乃管酒块脯，寄于大山，昧茅坐之，以樵禽子"。

这几句话，无数专家，怎么注解，都讲不通。但若懂得鲁山方言，那是再简单不过的。

古语很多通假字。"管"同"灌"，"管酒"也即"打酒"；"块"同"扢"；"寄"即"来"也；"昧"作动词，是把茅草（用手或胳臂）按倒；"樵"非砍柴之樵，应为瞧人之"瞧"，乃携礼探望慰问之意。逢年过节，走亲访友，拜望长辈，抑或求人帮忙，登门造访，带着礼物，鲁山人都叫"瞧"。

这几句话的意思就是：墨子带着打来的酒，扢着盛肉的篮子，（与禽滑厘一同）来到大山上，把茅草按倒，两个人坐下来，边吃边喝，拉家常话。

墨子于禽滑厘有些歉意，他在用这种独特的方式拉近学生与老师的距离。

墨子非官非民，没有官架。老师请学生的客，这情况并不多见，却恰恰说明，墨子文学家的性情。

鲁山话"瞧亲戚""瞧一瞧"，一般要携礼品。它与"瞧这一家子""瞧一眼"有所区别。

第二节 墨家遗风 行侠劝善

墨子书中，无片简只言涉及"侠"字，却无处不鼓荡着侠的精神，涌现着侠的风云。墨家书中，连篇累牍论说义事，实实在在是义薄云天。

墨家之恢宏与大气，在于墨家"自苦为极"（庄子语），"为役夫之道"（荀子语）。泛爱利而非私斗。其"侠"，高于秦汉之游侠。

墨子有一个非常经典的命题："义者，正也。"也即"义者，政也"。我们所说的替天行道，也即墨子"顺天之意"的同义语。

墨不言侠，不影响其成为侠之大者。

墨子塑像

墨子一生侠骨柔肠，行侠仗义，劝善行善，其"善治"内容，表现得更为科学。兼爱：坚持爱无差等，追求社会大同；非攻：反对侵略战争，倡导天下和平与社会和谐；尚贤：主张贤者治国，任人唯贤，反对任人唯亲；尚同：坚持政令统一，令行禁止，主张建立核心价值观；节用、节葬：摈弃陋习，建设节约型社会。

墨子说："务善则美，有过则谏。""若有美善则归之上，是以美善在上……"(《尚贤》)墨子认为,美与善是一致的,是不可分割的一个整体。

《墨子》原著中有130多处"善民、善者、为善、闻善、善言、善行、不善、劝善、善人"等字眼。墨子原著中的"善"字与鲁山境内的"劝善"组织的用语及人物称呼相吻合。

这些行侠仗义劝善的组织,是墨子思想源流的延续,是墨子后学组织的发展,是墨子思想主张的具体实践。

(一)成义堂

是墨家的另一种组织形式。他们既不敬神,又不立庙,只尊墨祖(墨子)。不讲修仙成道,只劝善惩恶,济世救人。他们设有专门的集会活动场所,并主动设堂讲道,登门传经,赶会劝善。每逢哪里有古会,就搭起帐篷,让人们坐在帐篷里听他们诵读经书。

"成义堂"的成员,多为知书达理的乡土文人,在"成义堂"内,他们对主持人称"善钜",对外称先生。群众则称他们为"善人"或先生,有时也称他们是"念善书的"。

鲁山县文化局郑建沛调查,新中国成立后,仍在世的"善人",有鲁山马楼乡黄仕郎沟村的王实,张良镇杨庄村的张五,磙子营乡肖河村的王思宾,瀼河乡瀼河街的赵喜和佘沟村的李小旦,下汤镇十亩地湾村的辛加功等。

2010年前后,瀼河乡瀼河街尚保留有成义堂旧址。

(二)福善居、劝善居、劝善台

是墨子在鲁山文化传承习俗之一。主要活动区域在尧山镇,传为墨子创办。地点设在街东头李文运(李留营祖父)家。常有10多人通宵达旦,攻读善书。平常,除了念善书外,他们还劝善事,每遇庙会,设坛劝善。每年农历十月初一,搞大型劝善活动,设祭坛,扎彩船,锣鼓竹笛,善乐相伴。受善人数千之多,影响甚大。

这一活动,一直延续到20世纪40年代。其后,聚会减少,但当地劝善行善之风依然盛行。

(三)堂匠班

是山区具有普遍性和群众性的一种组织。是墨家为了"兼爱"和行义而组织起来的济世救人的组织。参加人员多为男性劳动力,富户或缺乏劳动力者不参加。堂匠班领导与成员同样参加劳动,其分配制度合理,实行劳动记工,按劳付酬,并按季节安排农活儿,环环相扣,不违农时。

"堂匠班"实际上是个"施工队",由各种工匠组成,专门帮助贫穷人家修房盖屋,挖渠垒堰,不计报酬。

现在,人们进入山区,只要留心观察,便可看到"有沟就有堰,处处有梯田"的壮观景象,有不少土地,至今还是山区人民赖以生存的肥沃耕地。这些遗迹,多是由参加堂匠班的劳动者用血汗凝成的。

这一组织直到20世纪50年代尚存。

堂匠班的存在,对改变山区生产条件,扩大耕地面积,提高农业生产水平,起到了极大的推动作用,为山区人民的生存和繁衍,立下了不可磨灭的功勋。

墨子的精神,在鲁山得到了较好的传承。晚于墨子一百余年的屈原,东汉名将张宗,唐代元德秀、元次山族兄弟,宋代抗金名将牛皋,清代心意拳大师买壮图,中原一步跨入中国新文学殿堂第一人徐玉诺,统战楷模王恩九,早期鲁山党组织负责人吴镜堂,以及当代"精神侠客"张朝岑,墨子文化传承守望者李成才等,都是墨子精神的继承人和实践者,是鲁山大地上,墨子行侠仗义遗风的生动体现。

墨公祠

第三节 百工圣祖 农耕发明

在鲁山，墨子被誉为"百工圣祖"。他与鲁班一样，都是发明家。

作为平民圣人，墨子强调农业不可替代的重要。他高度重视粮食生产，鼓励提高农民生产积极性。墨子同鲁阳文君多有问答，墨子的重农思想，一定程度上对鲁阳农耕文化的发展产生了重要影响。

鲁山是农业生产大县，粮食一年两熟，分为秋夏两季。秋季作物有玉米、水稻、高粱、谷子、芝麻、大豆、黍子、绿豆等。夏季作物有小麦、大麦、豌豆、扁豆、油菜等。旧时，农作物的耕种收割，完全依靠人工、畜力完成。

旧时耕地用的是笨犁，由犁面、犁铧、犁底、犁梢、犁把（拐手）、犁辕等部分组成，用畜力拉动。犁与墨子密不可分。

小件农具，诸如䦆头、十齿耙子、秋秋铲、三齿耙子、铁锨、平耙、小镢头、挖铲、箩头、水桶、尿罐、粪耙子、粪叉等，都是农民离不了的生产工具，

鲁山农耕农具

第四章 桑梓情怀 墨子遗风

109

传说亦多与墨子有关。

古时收割麦子，用网包、钐、镰等，一人一天可割麦十多亩。撮子是从前农民的一种快速割麦工具，它是用竹篾编制的簸箕形的多孔器具，一边有尺许的手柄，簸箕舌头处装有锋利的钐刀。割麦时右手紧握手柄，左手拉紧系在簸箕两边的绳子，从右向左用力用撮子朝着麦子的根部抢去，一次可割十几垄麦子。割掉的麦子可倒在地上，也可倒在割麦人后边的网包里运走。网包是用绳子织成圆形网状装麦的用具，下面装有车轮，可推着行走。这些农具，都与墨子关联。

从前，把粮食加工成面粉或拉成糁都要用石磨来完成。石磨由磨座、磨盘、磨扇、磨杠等部分组成。磨分上下两扇，均刻有磨齿。上扇磨中间有磨脐眼、两边留有磨眼，下扇是固定不动的，中间有磨脐。磨杠固定在上扇，两扇合在一起，上扇转动，粮食从磨眼流下去，把夹在上下两扇磨中间的粮食用磨齿磨碎研细，一遍不行，可磨多遍。磨前，要把粮食淘净晾干才行。稻谷、小谷子通过用石碾去掉谷壳，才能成为可食用的"大米""小米"。石碾由碾座、碾盘、碾磙、磙框、碾杠、碾芯组成，靠畜力和人力驱动。还有用石臼来舂（俗称"碓杵窑撧东西"）粮食的，也有用花磨（用手驱动的小石磨）粉碎、加工粮食的。用红薯加工粉条、粉面、粉皮，用芝麻加工香油，用高粱、玉米、大麦酿酒等都离不开石磨和石碾。传说石碾、石磨、石臼等都为墨子发明。

直到20世纪80年代后，粮食加工逐步实现机械化，这些农具才逐步被淘汰。

第四节 墨子烙印 渗入习俗

作为农耕文明发端的核心区域，鲁山的民风民俗受墨子的影响多矣，其中涉及思想道德、生产生活、婚丧嫁娶、游戏娱乐，可以说无所不在。

（一）厚乎德行 尚贤习俗

尚贤是墨子最重要的思想之一。

墨子倡导打破等级的唯贤是举的主张。他说："夫尚贤者，政之本也。"墨子主张"举义不避亲疏""举义不避远近""举义不避贫贱""官无常贵，民无终贱,有能则举之,无能则下之",并说:"贤良之士厚乎德行,辩乎言谈,博乎道术","此固国家之珍,而社稷之佐也"。对待贤人,要"富之,贵之,敬之,誉之",真正重视人才,宣传人才,重用人才,给人才应有的地位。在选拔人才上,要"举公义,避私怨","以官服事,以劳殿赏,量弓而分禄"。

墨子的尚贤,是彻底的尚贤,这和其他圣人学说和统治者倡导的宗族世袭观念有根本的不同,唯贤是举、德才兼备是唯一标准。这与我们现在的人才强国战略是一致的。

(二)节葬习俗 延续至今

旧的丧葬礼俗,是几千年沿革下来的。对死者的葬埋,可分为金、木、水、火、土、天多种葬法。在奴隶社会中,实行陪葬,把奴隶和侍奉、护卫者陪同奴隶主一起葬埋。

墨子深感厚葬陋习对社会的不良影响。他的哲学主张中,非常重要的一项就是"节葬"。墨子"节葬"思想对鲁山后世产生了深远影响。

《墨子·节葬》里说:"禹东教乎九夷,道死,葬会稽之山。衣衾三领,桐棺三寸。"

这里说的"衣衾三领,桐棺三寸",既涉及鲁山所产,也是鲁山习俗。旧时,鲁山多有桐树,人们多用桐木做棺木。过去除极少富豪人家用稀有柏木做棺木外,一般人家皆用桐木。棺木板材厚薄因贫富不同,有三寸、四寸、五寸、六寸之分。三寸者底厚一寸,帮厚二寸,顶厚三寸,俗称"一二三",也叫三寸头。六寸者,底四寸,帮五寸,顶六寸,俗称"四五六"或者"六寸头"。其他依次类推。六寸头为上乘,三寸头为最下等。故墨子倡用"桐棺三寸"。这种习俗延至今日,仍是如此。关于"衾三领",是指死者穿三件衣服。鲁山习俗,死者衣服有三件、五件、七件、九件之分。三件为最少。

(三)染苍染黄 坑染习俗

数千年来,鲁山人有着黑衣的习俗,应源于墨子。

旧时,阶级分化,除地主、官绅,身着绫罗绸缎外,普通百姓的穿戴,用的都是自家种的棉花,纺线织成白布(俗称土布),夏天穿白衣白裤不用着色,冬季,则要把白布染成黑色做棉衣。

白布染黑这种古老的"坑染"之法，由墨子发明。

这一染色术的记载，见《墨子·所染》：

子墨子言："见染丝者而叹曰：染于苍则苍，染于黄则黄。所入者变，其色亦变；五入必而已则为五色矣。故染不可不慎也！"

墨子"见染丝者"在染丝过程中，本色土布经染色而发生变化，从而引发感慨，得出"故染不可不慎也"的结论。接着，又以染丝同"染国""染士"做类比，分别以上古圣王舜、禹、汤、武为例，言明"此四王者所染当，故王天下，立为天下，功名蔽天地"。复又以夏桀、殷纣、厉王、幽王四位昏君为例，指出"所染不当，故国残身死，为天下僇"的结果。从而得出，无论"染国""染士"，都同"染丝"是一样的道理。

《墨子·所染》篇，是文学上惯用的一种手法，类比起兴，由常见的场景，引出深刻的道理。

我们通过《周礼·天官·染人》的记载可以得知，早在周代，即设有掌染丝帛等事的"染人"官职。一百多年后，荀子也有"青，取于蓝，而青于蓝"的论述。可见在周代，染色技术已发展得相当成熟。

墨子坑染原料

鲁山民间，广泛流传着墨子发明坑染术的传说。

鲁山县赵村镇中汤村周边不少群众，都会讲述墨子染布的故事，说墨子小的时候，常住中汤北坡灵凤山他外婆家。一天下午，墨子穿着娘做的白褂子下山玩。这天，天气闷热，他去水坑里洗澡，他把白布衫脱下，放到坑边一块石头上，猛地跳下水去。不料，溅起的水花儿弄湿了放在石头上的衣裳，弄脏了一大片。这水坑里淤了好多黑泥。墨子赶紧用手搓揉，却也没把白褂弄白。由此，墨子产生了把白布染成黑布的想法。他把白布埋进黑污泥，大约一个时辰后，捞出白布一看，果然黑中带蓝，蓝中带黑。墨子从中悟出道理：用不同的泥土颜色，能染成不同的颜色。他到附近找来黄土，用水泡湿，挖成坑，染成黄布；他找来碎石渣滓，又染成了紫红色。

战国时期，楚国崇尚红、黑二色。楚国地处南方，南方为朱雀，主火，因此红色是楚国人的最爱。这在楚国着色器物和服饰上得以体现。楚国的漆器，主色调即是红、黑二色，继承的是"禹作为祭器，黑漆其外，而朱画其内"（《韩非子·十过》）的传统。

周僖王四年（前678），鲁阳脱离韩国，入楚。墨子生活的战国时期，其故里鲁阳属楚国北部边境，此时，鲁阳属楚已经200来年，颜色崇尚必然带有浓重的楚地风格。以鲁山分布广泛的栎树果实橡子，以及极易得到的污泥等作为原料，染之以黑色，又以素有"七山一水二分田"著称的鲁山习见的紫色赭石等为原料，染之以红色，是再自然不过了。

墨子传说中的坑染之术，还显得较为简单、原始。其后，人们从蓝草中提取靛蓝染布成青色，用栀子果实中含有"藏花酸"的黄色素染布成黄色，用赤铁矿粉末或者朱砂（硫化汞）染之成赤色，原理都是一样的。

古代染黑色的植物，主要有栎实、橡实、五倍子、柿叶、冬青叶、栗壳、莲子壳、鼠尾叶、乌桕叶等。这些都同墨子发明的坑染术高度契合。

从当前学界研究的成果来看，不少染色术，都源于周代，比如使用茜草、明矾可染出红色等。

科圣墨子长期生活在基层，他的一生，有着太多的发明创造。他因为衣服被池中的黑泥染得斑斑点点，从而发明了用橡壳煮成的水和池塘中的黑泥来染色。这种染法，必在坑塘旁进行，所以鲁山人便叫它为"坑染"。至今中汤村附近还有墨莲池、墨子晒丝晒布的"晒布崖"等遗址。

鲁山赵村镇还流传有一首民谣：

坑坑坑，坑衣裳，黑泥塑个墨子王。

披发头，大脸膛；橡壳眼，高鼻梁。

一身黑衣明晃晃，皂角大刀背腰上。

雏鸡翎，发里藏，肩上挎着万宝囊。

赤巴脚，奔走忙，天下污浊一扫光。

温泉黑水能坑布，墨子发明开染坊。

采来橡壳黄栌柴，黄哩黄来藏哩藏。

解放初期，赵村乡中汤街仍有染坊几十家。每当秋末迎冷之时，染市就开始了。染市热闹异常，唱戏说书，鞭炮齐鸣。大家首先用坑塘里的黑泥为墨子塑一尊像，然后献供，焚香叩头。以上提到的那首歌谣，就是祭拜者必须哼唱的祭词。

传说墨子总是一身黑衣打扮。

在20世纪80年代之前，河南人特别是老年人，冬天习惯穿黑色衣服，这也正是墨子传下来的染布技术和长期形成的生活习惯形成的。

鲁山中汤街西南角儿有一个小山嘴儿，地势较高，视野开阔，人称"三官庙嘴儿"，此地建有墨子坊。上屋三间大殿，东厢房四间，西厢房一间，中间供奉三官，西边供奉墨子。逢年过节，善男信女前往烧香供奉者众多，为的是祈福消灾。1989年农历十月，中汤村时任村主任魏来发，协同中汤村李留定、郝杰等有识之士，筹资在原址上重修一座两间新庙，坐南向北。2002年，又把墨子坊改建为坐北向南三间房，重新雕塑。

"墨子坊"外，立石碑数通。上首"墨子坊"碑，为21世纪初立。碑文曰：

中汤古镇，素号名区。青嶂作屏，玉溪为带。揽山水之胜，育人文英杰。一河之系，中汤温汤两泉相映；群山拱护，墨子老子二祖比美。古迹墨子坊，建于灵凤山之次，为世界科学至圣墨子纪念之所。墨翟兼爱、和平、睦邻、勤劳、好学之精神，扎根民间。坑布谣，传诵两千余年。中汤至今群众文化活跃，富有民间传统，实属非物质文化遗产的保护地。国内外考古界、墨学界学者不断来此探访。墨子研究大家徐希燕博士、郭成智先生，省墨子学会陈章法、李玉凯、郑建丕、张九顺诸君多次造访。文物局长常俭传先生视察鲁山楚长城墨子里籍，给予高度评价。鲁山县志办公室主任尹崇智先生亲自为墨子坊题匾。今有仁人贤士合力重修旧坊,嘱我作文铭记。作为家乡人及墨学研究者,对墨子敬仰之至,不能推辞。藉此琳珉,总中汤八景以颂之。

灵凤晓钟震鲁川,石人晚照夕阳烟。

墨公染布古坊在,皇女浣纱玉液边。

百里长城踏冬韵,三春古会动管弦。

白沙如雪忘忧处,秋艳霜林颂尧天。

随着现代纺织业的迅速发展,"土布"在20世纪末基本销匿,原来用于生产土布的纺花车、织布机等也悄然退出了历史舞台,只有墨子时代流传至今的染布坑仍在,无言地诉说着久远的故事。

(四)纪念先贤 祭拜习俗

每逢春节等重大节日,尧山镇尧山村、赵村镇中汤村等地百姓,都会到墨子祠等供奉墨子的场所,去焚香祭拜墨子。

祭祀墨子习俗

鲁山城西40多公里的赵村镇中汤村，传为墨子外婆家。中汤村素以温泉名世。

中汤西北角有山曰"灵凤坡"，春秋末年有户姓范人家，传为墨子外婆家。中汤村东北有墨子洞，洞口有联："门前有瀑凭崖泻，洞里无灯趁月明。"世传，墨子幼时曾经备束脩就学于中汤，并常在墨子洞攻读诗书。

当地百姓说，墨子出生于农历九月初八。两千多年来，尧山、赵村两地的百姓，每逢农历九月初八墨子诞辰日，都要到墨子祠举行祭拜，并举办各种纪念活动。

久演成习，每年的农历三月初三、九月初八，中汤村在举行祭拜的同时，举办古刹大会，唱大戏，进行物资交流，四方百姓齐聚于此，人山人海。

（五）非攻推演　游艺习俗

旧时，鲁山民间盛行各种游艺活动。不少游艺，带有益智性质，甚至类似于排兵布阵。一定程度上，这是墨子最重要的哲学思想之一——"非攻"的具体体现，其本源，不排除是受到了墨子止楚攻宋的影响。

传说，墨子曾经发明一种"非攻棋"。用这种棋，墨子曾和鲁班在棋盘山上对弈。

尧山镇相家沟村不少人，都会讲述墨鲁下棋的传说。传说墨子与鲁班在

纪念墨子民俗表演活动

楚都演绎过"九攻九拒"之术后，从楚宫返回鲁山，在今鲁山团城乡清水河畔的棋盘山上对弈多日。墨子虽屡屡稳操胜机，却总要与鲁班下个和棋。这不是轻蔑的谦让，而是要再次充分地给予鲁班施展棋术的机会。鲁班虽然没办法取胜，不过怒气

张怀发正在研究墨子棋盘的下法

已消散不少，他无意再做政客，掺和列国打仗之事，就回到鲁山乡间，致力于精巧的木工技艺。而墨子，仍然为着平民百姓，在辛劳奔波，游走天下。

棋盘山原名白云山，又名华峙山。位于鲁山南部，团城乡与南召县的搭界处。山上有庙，名曰祖师庙。一棵千年椴树笼罩着黄瓦石墙。供奉真武祖师。门前右前方有石碑两通，其一记载："鲁山西陲白云山（华峙山），高千仞，阔万里，群峰耸翠，白云缭绕，林涛轰鸣，巨石奇特，山坳有古庙遗址，原名通天观，明万历年间重修，而更名为铁瓦庙……"

两峰之间的山脊上，有个硕大无比的"棋盘石"，传墨子鲁班在此石上对弈，因之，此山被后人又叫作棋盘山。

相传墨子鲁班在此石上，各创一棋局，一攻一守。守者稳如泰山，输的概率很低；攻者，要么和棋，要么越攻越输。

墨子鲁班所创的这个战国石刻棋阵，简称"非攻棋"。对弈方法变幻无穷，惜已失传。但其中蕴含的数学、逻辑、推理等科学方法，即使在科技非常发达的今天，也极具研究价值。

《墨子·公输》中记载："子墨子解带为城，以牒为械，公输般九设攻城之机变，子墨子九拒之。公输般之攻械尽，子墨子之守圉有余。"墨鲁对弈，是二人止楚攻宋斗智斗勇的一种预演，因而这一传说在鲁山有着广泛的群众基础。

2013年9月30日，中央电视台4套"走遍中国"栏目播出《奇闻轶事》第9集《棋盘谜局》，探秘墨子与鲁班的挚诚友谊，以及相互对弈攻防这一神奇的文化遗存，揭开一段鲜为人知的历史真相。

第四章 桑梓情怀 墨子遗风

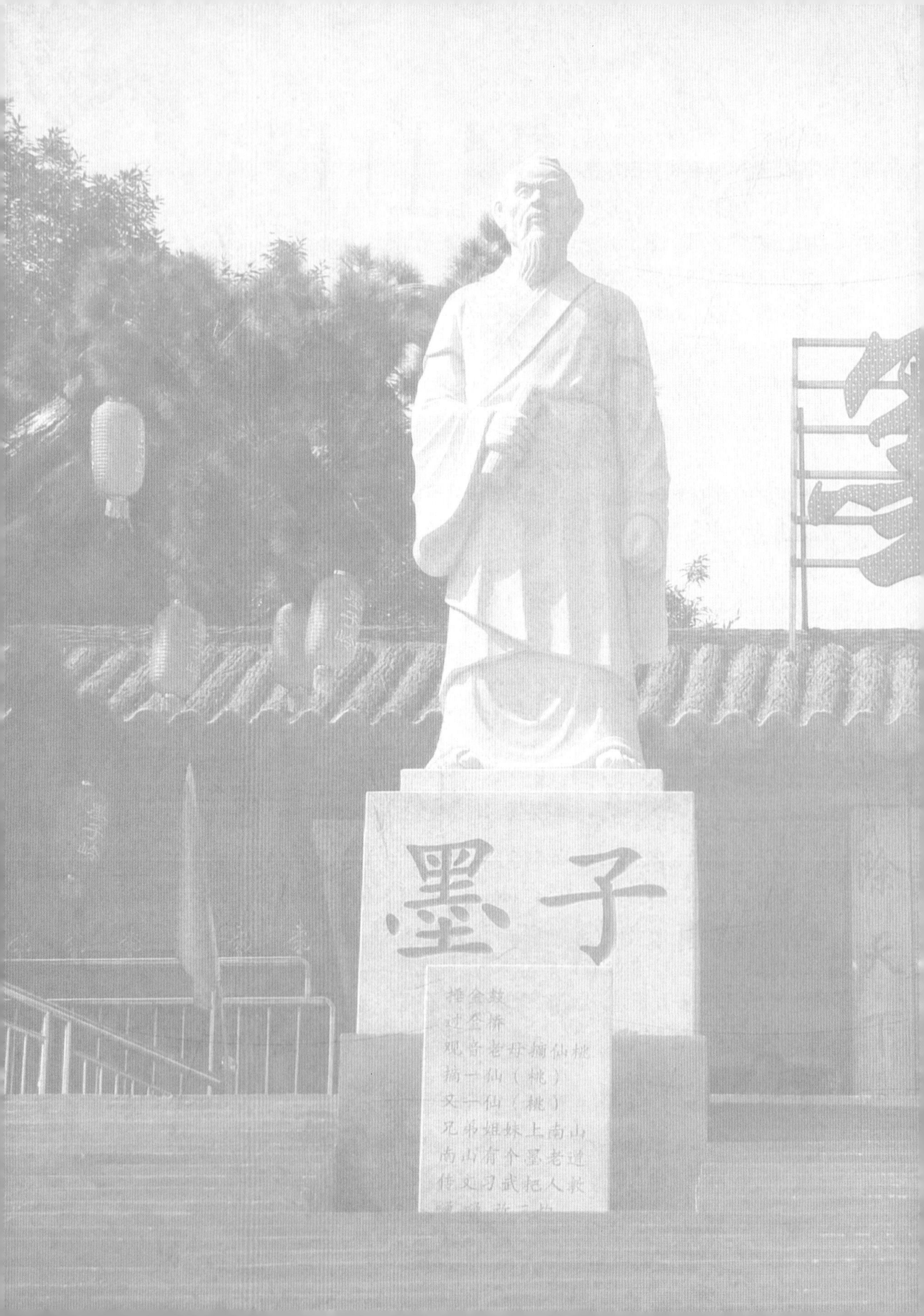
墨子
观音老母摘仙桃
摘一仙（桃）
又一仙（桃）
兄弟姐妹上南山
南山有个墨老道

第五章
传说歌谣 口口传唱

兼爱天下，人称圣贤；口口相传，百代不衰
在国，墨子以典籍传世；在鲁，墨圣以口碑传颂
山水有情，承传有源，墨子传说涉其一生
根深蒂固，墨子文化，已融入鲁山人民的血液之中

第一节 墨子传说 列入非遗

（一）墨子传说 省级非遗

鲁山古称鲁阳，为墨子故里。县境内，墨子遗存比比。其一生摩顶放踵，所提十大主张，影响深远，连毛泽东也赞其"不做官，是比孔子还要高明的圣人"。

在鲁山，墨子传说源远流长，被列入省级非物质文化遗产。因鲁山墨子文化根深，墨子传说众多，墨子文化厚重，2013年，鲁山被中国民协授予"中国墨子文化之乡"。中国民协并在鲁山建立"中国墨子文化研究中心"。2017年，由文化部倡设的"中国墨子文化数据库"在平顶山市图书馆立项。接着，民间有识之士投资建设中国墨子文化旅游区"墨子古街"和"墨子文化故事苑"。

早在2012年，郭成智、孙德润、张怀发、郑建丕、张天铎、戴保仓等，即已被列入市级墨子传说非遗传承人。

2021年，民俗学者袁占才，被评为省墨子传说非遗传承人。

袁占才接触到分布在全县各个乡镇的墨子文化研究者、墨子传说的讲述

墨子岭墨子塑像

尧山秋景

人、墨子遗址遗存的守护人等，了解到墨子在鲁的大量传说，使他具有了丰富的墨子传说知识。同时，他也有了对墨子文化及墨子传说较为深刻的认识。袁占才在县电视台开讲"西鲁讲堂"墨子传说。

袁占才的讲述，结合鲁山独特的文化背景，运用鲁山地方方言，所讲声情并茂，特点鲜明，内容丰富。他根据不同对象，加以手势与肢体语言，一个传说故事，在不同场合，根据时间，讲出多个版本。因其熟悉本县墨子遗址遗存，在讲述中，他结合当地历史游记，煞有介事，显得有根有据，神乎其神，让听众入临其境，听得入迷。

（二）传说内容 涉其一生

墨子作为鲁山人，不仅有丰富的遗迹、文物，还有大量民间传说印证。民间传说发端久远，应起源于墨子之后。

秦汉时，墨学式微，被视为异说，受到打击，然墨子的影响太大，他在鲁山民间并未销匿。他的形象，以传说的形式在世代相传。这种口耳相传的传承方式，多以文化遗迹为载体，予以阐释承传。

黑隐寺

大致说来，鲁山墨子传说主要有以下几个方面的类型。

一是墨子本生故事，包括出生、宦迹、隐居、归葬等。二是墨子与匠祖鲁班交往传说。三是鲁班与鲁阳文君君臣交好的传说。四是墨子教授生产技艺遗迹的传说。五是墨子归隐著书的传说。

主要内容：墨子出生在鲁山熊背乡竹园村，年轻时在西茅山教授弟子，这期间与鲁班在风筝山比巧，鲁班竹鹊三日不下，墨子木车载荷行动如飞；墨子与鲁班在文殊寺抽取银杏树中心板；二人又在鲁山西南边陲白云山刻石对弈，巨石因名棋盘石。墨子学业有成后周游列国，推行兼爱非攻学说，名闻天下，特别受到鲁阳文君的重视和重用，多次向其问道问计，日返三舍，抗拒外敌侵略，取得胜利。墨子不仅军事谋略超群，工匠技艺闻名，还发明橡壳坑染技艺，向人们热情传授，受到家乡人欢迎。墨子年老时，由于壮志未酬，感人世变幻，回到故里熊背乡隐居，原姓"墨"字去掉"土"，改为黑姓，至今黑隐寺一带有黑姓子孙。所处山沟，因名土掉沟，后人建寺供奉，因名黑隐寺，谐音"黑隐士"。墨子长期居住在山洞中，死后葬于附近，山洞即墨子洞。墨子晚年归隐鲁山时，意欲著书立说，找不到一处清雅之地，鲁阳公得知此事，便在金山环岛上为其建造了著经阁，那里环境清幽，绿水青山，墨子十分满意。在那里，墨子用了8年时间，完成了《墨子》一书。墨子在南天门升仙成道，后来成为道教神仙，在西汉时还有人见过他。墨子与相家有亲戚关系，鲁山相家沟村的相家过去看守尧山镇的墨庙，并是"堂匠班""成义堂"的倡立者。

这些传说体系完整，互相联系，共同组成了墨子在鲁山的生活画面。

第二节 传说摘录 故事遴选

（一）墨通三难孔子

话说公元前约500年，孔子周游列国。这天，他带着弟子乘坐一辆牛车，从鲁国曲阜出发，到楚国鲁阳，换了通关文牒，一路向西。他入眼看到，禾苗旺盛的田野，伴着青山绿水，真是一幅美丽的图画。往西去，更是山峦重叠，蜿蜒起伏，如龙腾凤舞。孔子不禁感叹，真风水宝地啊！

孔子知道尧山因尧帝得名，舜帝也出生于尧山北临，大禹治水留下地名大禹岭，大禹的老师墨如也出生于此。他到尧山来，目的就是了却多年夙愿，要看一看这里究竟怎么样。

想着想着，只听车轮"吱"的一声响，车子停了下来。孔子一看，原来是几个小孩儿在路上玩耍。儿童们用石头瓦块，垒成一个大圈，挡住了去路。孔子下车问："你们几个小儿为何堵住路道？还不快快让路。"一个七八岁的小儿站起来说："你是孔圣人吧？"孔子猛吃一惊，心想"这么小的孩子都知道我，可见真是厉害呀！"他回答说："是呀。"小儿道："我问你，是城给车让路呀，还是车绕城过呢？"孔子说："当然是车绕城了——可你这个不是城啊！你这个是用石头瓦块垒的。"小儿说："我这就是城。你说，

小儿城秋景

第五章 传说歌谣 口口传唱

123

哪座城不是用石头砖块垒的？！"孔子无话可说。环看周边又无路，孔子一副愁眉，想着该怎么办。

这时，这个小儿说道："你是孔圣人，学问大，我问你三个事儿，如果你答对了，我就毁城让你过，如果答不上来，别怪我不让你过路，你可不能到尧山观美景了。"孔子满不在乎地说："你问吧。"

小儿说："第一个，柏树四季常青，可桐树，一到冬天，树叶都落没了，为啥？"孔子答："柏树心实，桐树心糠。"小儿说："那竹子，心可是空的，为什么四季常青？"

孔子答不上来了。

小儿问的第二个问题是："鹅叫唤的声音那么大，小虫（麻雀）叫的声音那么小，为啥？"孔子答："因为鹅脖子长。"小儿说："青蛙的脖子那么短，为啥叫的声音那么大？"

孔子依然说不出道道来。

小儿又问第三个问题："风从哪里起，云从哪里生？"孔子想了想，还是答不上来。小儿说："孔圣人，我来告诉你，风从地上起，云从山中升。你连这点儿常识都不懂，还周游列国呢，我劝你还是回去吧，也别去尧山了。"

孔子心里想，我连这里的小儿都不如，可见尧山有高人呀，自己真的也别去了。他虽心有不甘，却还是准备打道东回。临折转身回，孔子问小儿叫啥名字，小儿答："我爹墨笈，我叫墨通，家住尧山相城（现在尧山镇尧山村二郎庙街），这里是我外婆家。"

孔子听罢，心潮难平，嘴里不住声地念叨：小儿城、小儿城。

从此以后，这个村子就叫"小儿城"。今天，老百姓都误写成了"小尔城"。这墨通，也就是墨子的父亲。

20多年后，也就是公元前480年，墨通的儿子墨翟，在尧山脚下呱呱坠地。

（二）墨子出世

传说，两千多年前，鲁阳尧山脚下有一户人家姓墨①，当家儿哩叫墨通，娶了个媳妇姓范。墨家只有一间茅草房，屋后是一大片竹林，房前有五亩多

---

①墨：鲁山方言读音为 mei。

飘逸的红腹锦鸡

的大池塘，里边种了可多莲菜，莲花开哩时候，一院子都是香味儿。

有一年，墨家喜得贵子啦。那小孩儿落地儿时，满屋子都是红光；院子里梧桐树上，落那儿了一只凤凰，百鸟都来朝拜。这孩子就是后来的墨子。

孩子满月时，亲戚朋友都来喝满月酒。附近庄上的鲁木匠也来了。那鲁木匠对墨通夫妇说："前些时儿，俺家也生一个乖小子。那娃生下来不哭闹，可欢实，就按他的生相，给他取个名字叫般（班）。"这孩子就是后来大名鼎鼎的鲁班。

真是说者无意，听者有心。鲁木匠的一番话，让墨通夫妇心里一动。墨子他娘说："咱木匠哥办事细心，给孩子取名也是看生相才定下来，讲究着哩！咱也得给儿子取个好名字来着。"

夫妻俩就想起孩子出生时的那些奇怪事儿。凤凰羽毛多排场呀！便向鲁木匠说："木匠哥，你给俺操操心，给孩子取个好名字吧！"鲁木匠想了一绷子①，拿一根树枝儿在地上画一个"羽"字，又画了一个"佳"字。画来画去，竟说不出个三七二十一来。这时，有个亲戚是教书先生，在旁边凑趣："你把'羽'和'佳'二字合在一起，那是个'翟'字。你们姓墨，墨可以画出字画；他又叫'翟'，含义是画出像凤凰羽毛那样美丽的画儿。这孩子，长大要了不得哩！"

经鲁木匠在地上一画，教书先生再圆说一番，墨通夫妇俩合计着，就让孩子叫墨翟。

这就是传说中墨翟名字的由来。墨翟，后来还真成了大思想家、政治家、

---

①一绷子：好一会儿、好大时候。

教育家、科学家。人们尊敬他，叫他墨子。

讲述者：孙德润，男，50多岁，鲁山县二郎庙乡二郎庙村人，农民
采录者：陈金展，男，50多岁，鲁山县瀼河乡人，职工
采录时间：20世纪80年代
采录地点：鲁山县二郎庙乡二郎庙村

附记：

墨子是春秋战国时期楚国鲁阳（今平顶山市鲁山县）人，墨家学派的创始人，也是战国时期著名的思想家、教育家、科学家、军事家。墨子是中国历史上唯一一个农民出身的哲学家，墨子创立了墨家学说，墨家在先秦时期影响很大，与儒家并称"显学"。他提出了"兼爱""非攻""尚贤""尚同""天志""明鬼""非命""非乐""节葬""节用"等观点。以兼爱为核心，以节用、尚贤为支点。墨子在战国时期创立了以几何学、物理学、光学为突出成就的一整套科学理论。在当时的百家争鸣，有"非儒即墨"之称。墨子死后，墨家分为相里氏之墨、相夫氏之墨、邓陵氏之墨三个学派。其弟

墨子洞前晒秋

子根据墨子生平事迹的史料，收集其语录，完成了《墨子》一书传世。

《史记》记载墨子为宋国大夫，《墨子·公输》篇却记载："子墨子归，过宋，天雨。庇其闾中，守闾者不纳也。"人们不免怀疑，大夫却被拒之门外，是何道理。鲁山墨子文化守望者孙德润讲述的这个传说，可以为我们释疑。

鲁山有关墨子和鲁班的传说不少，风筝山墨子与鲁班放木鸢比巧、智取文殊寺银杏树中心板制作中岳庙门额等，流传甚广。墨子与鲁班政治抱负不同，却堪称时代双星，留下了班墨不朽传奇。

鲁山民间流传，墨子姓墨名翟，前480年出生在一个工匠世家，其父墨通。

鲁山是中国墨子文化之乡，鲁山县城西百十里尧山镇东竹园村，相传是墨子诞生地。与墨子有关的文化遗迹有很多，分布于尧山镇、赵村镇、熊背乡、瀼河乡、辛集乡等地，较为有名的是墨子洞、土掉沟、黑隐寺、著经阁、风筝山、穷爷庙、墨子坊，等等。

赵村乡2014年撤乡建镇，二郎庙乡2007年撤乡设立尧山镇。尧山镇旧有"墨子故里"碑，惜民国时期遭毁。2004年8月28日，鲁山县人民政府重立"墨子故里"碑。尧山镇凉水泉村河南组北坡上半腰有个洞叫"黑子洞"，洞深约三米、宽三米多，洞内面积约十平方米。洞内完全是人工开挖而成有尖镐印迹，现在仍然犹存。洞高平均1.3米，属不规则形状，洞口有一大石头似山字形石板把洞口挡得严严实实的，进时只有一处能进，走东向西身贴着石头弯腰入内，可住三四人。过来黑子洞是蚕坡林，非常朝阳叫"哭半夜"。传说墨子弟子开挖的洞叫墨子在此藏身，后来墨子去到熊背，有墨家弟子安身。当知道墨子死时，弟子在此痛哭，方圆人都听到哭声，哭到后半夜。第二天当地人上去想问个究竟，可找不到一个人影，洞内也无任何东西。直到墨子弟子离去，就把此洞叫"黑子洞"，这里的蚕坡就叫"哭半夜"至今。

整理者李文杰所在的赵村乡，在鲁山县城西40多公里，紧邻墨子故里二郎庙乡。赵村东十多里中汤街，以温泉名世。中汤西北角有坡曰"灵凤"，春秋末年有户姓范人家，俗传为墨子外婆家。东北有墨子洞，洞口有联："门前有瀑凭崖泻，洞里无灯趁月明。"世传，墨子幼时曾经备束脩就学于中汤，放学之后，常在墨子洞攻读诗书。如今，尧山、赵村两地每逢农历九月初八墨子诞辰，都要举办各种纪念活动。讲述者孙德润家住尧山镇尧山村，是知名的墨子文化守望者。20世纪80年代始，他将镇子上的三间房屋开辟为墨子思想文化传承基地，30多年间，书写制作墨子文化宣传版面，搜集诸多墨子传说，义务讲解墨子思想、事迹。2019年春因病去世。采录者陈金展长期在鲁山县民政局地名办工作，撰写过不少与地名有关的文章，是鲁山较早开展墨子文化研究的学者，大约于20世纪90年代去世（石随欣）。

（三）为仁义庄起名字

在没建水库前，昭平湖这个地方是一片庄稼地。附近有仁义庄、下河庄等好几个庄子。仁义庄的名字还是墨子给起的。

金山环原来叫南坡，仁义庄原来叫杨庄。墨子为专心写作经书，就挑了金山环这僻静地儿。墨子休息不写经的时候，常到仁义庄转悠，与百姓拉家常，村民总是盼着墨子能来。隔三岔五，墨子可肯①来到村里讲经。仁义庄人慢慢明白了可多以前都没听说的理儿，全村都讲仁义，大家伙相处得特别好。就是不认识，庄上的人也跟对那亲人一样对他们。

墨子在金山环住恁咱儿②，仁义庄只有姓杨的几户，都是自己户③。有一日，一家儿要饭哩④，带着老婆孩子来到这里。天黑了，只好放下挑子，拿出锅来隆火做饭⑤。用仨石头蛋儿刚把锅支稳，可起大风了。一家人围个圈儿挡风。男人在地上挖个坑儿，坑儿里避风。挖着挖着挖不动了，谁知儿⑥下面是一个大石槽。那一个人想：把石槽挖净当火坑也好，就把石槽里的土拂落⑦掉，里面却是硬硬的、圆圆的东西。就着火星细看，一家人愣住了：满满的一石槽金元宝呀！女人哭得成了一支子蜡⑧："天哪！恁终于开眼了，我们再也不用讨饭了！"男人想了一会儿，说："我们穷，但人穷志不穷，物归原主是天理。"谁是原主？他们看见不远处的草房里点着灯，就走了进去。

草房里的人见这么晚来了几个要饭的，赶紧烧水做饭，一阵忙活。讨饭

---

① 可肯：意为经常。
② 恁咱儿：意为那时候。
③ 自己户：意为本家，即同宗同祖。
④ 要饭哩：指乞丐。
⑤ 隆火做饭：隆火是方言，意为生火。
⑥ 谁知儿：意为不料想、没料到。
⑦ 拂落：意为用手拂，使之掉落。
⑧ 一支子蜡：形容因激动或者伤心痛苦等流泪不止。

的男人几回想张嘴说事儿，都被主人给挡了回去："先吃饭，吃饭，孩子们饥了吧！"等吃完了饭，男人拿出一大袋子金灿灿的元宝，说明来由，递给草房主人。草房主人坚决不收，讨饭的男人说："这地是你们的，金子自然也是你们的。"草房主人说："这地确实是我哩，但金子肯定不是我哩。老兄，你拿着吧，就在这儿落户吧，我们做个伴儿。"

没办法，讨饭的一家儿就在这儿落了户，并许下心愿："给我一槽金子，我将来还一座金山。"讨饭的一家拿金子购屋买地，不些时儿可发了，在村子的西南方盖了一座庙，名叫"金山寺"，年年上香还金子。时间长了，寺的旁边长出来一座山，上边还有"金山还"仨大字，也就是还金山的意思。

墨子听说了这件事儿，高兴透了，就手写了"仁义庄"仨字，并制成一块大匾，挂在村口。打这时候起，杨庄便改叫仁义庄，"金山还"后来写作了"金山环"。当年拾元宝的那家人姓禹，后来禹杨两家亲上加亲，代代友好相处。禹家人常说："杨家人'仁'，咱要守'义'。"

民间相传，墨子下世①后，想考验一下仁义庄的年轻人品行怎样，化作一个老婆婆，出现在村里。村里人都很友好，跟从前一样样。庄上一家新住户姓王，是杨家的亲戚，叫王六，住在仁义庄西头，靠卖豆腐为生。一天清早，天还不明，王六挑着豆腐去耿集镇，一路哼着小曲，挑子吱吱呀呀，呼呼扇扇。当他走到金山环西南边山脚下的时候，一个老婆婆端了一瓢黄豆，要换他的豆腐。王六放下挑子，老婆婆把瓢放在托盘上。这时王六突然想起来："我还没到集上呢，就挑着豆子，不是太沉了吗？"就没给老婆婆换豆腐。

王六挑着挑子，哼着小曲儿往集上走。到集市上，大天老明了，托盘上不知儿咋有两颗明晃晃的金豆。他卖完豆腐急忙往回赶，去找老婆婆。当他到金山环脚下时，发现那个地方有一块大石头，看着可像老婆婆。王六对着大石头三叩九拜，肠子都悔青了，后悔自己不能为他人着想，也后悔自己与神仙失之交臂，更觉着自己丢了仁义庄人的脸面。从此，他行善事，下世后就埋在金老婆的脚头儿该儿②。到镇这儿③，这大石头还在水里哩。人们都说，这是墨子显灵了。没些时，大伙儿自愿捐款重修金山寺，有人叫墨子寺，也

①下世：去世。
②脚头儿该儿：指坟墓中长辈死者的下方，靠近脚的地方。
③镇这儿：意为现在。

有人仍叫金山寺，寺内一边是墨子塑像，一边是鲁班塑像。

讲述者：杨张氏，女，64岁，鲁山县张店人，不识字，农民

采录者：鲁厚之，女，29岁，满族，鲁山县下汤乡虎盘河村人，大学，教师

采录时间：1984年秋

采录地点：鲁山县库区乡

附记：

讲述者杨张氏是采录者鲁厚之的外婆。鲁厚之小时候常去外婆家小住，总缠着外婆讲故事。外婆家所在的仁义庄离金山环很近，仁义庄人崇尚"仁义礼智信"，村庄的名字也是人的名字，孩子起名能带上"仁义"就很幸运。鲁厚之的三个舅舅的名字就和"仁义"密不可分，分别叫作杨洪仁、杨洪义、杨洪福。杨张氏就是金山寺的香客。鲁厚之5岁那年，外婆拉着她的手，来到墨子寺，外婆说："给有学问的人磕头，长大后就会成为有学问的人。"那时，鲁厚之第一次下跪磕头，第一次知道那胡须飘然的老爷爷就是墨子，也第一次懵懂地知道只要好好读书，就会受人尊敬。鲁厚之后来果真学业有成，先是担任中学语文教师，后调入县教育局语文教研室工作直至退休。

2006年9月，刘文化讲述、许清增采录的《仁义庄》讲述了另一个版本：在昭平台水库当中，淹没着一个仁义庄。清朝中期，有个名叫禹世斌的，从汜水县逃荒到此地。他为人老实，说话和气，受到了尚村崔家富人的喜爱，便将他家一片荒地无偿交给禹世斌开垦耕种。有一天，禹世斌上山开荒，不防掘出两个对口的大石槽，掀开一看，满槽白花花的元宝。禹世斌赶紧叫崔家来人搬走。而崔家来人一看，摆摆手："这元宝是你掘出来的，你有洪福，应该归你。"可那禹世斌却不同意："元宝虽是我挖出的，可山坡是你姓崔的老业，是你们的底财！应该归你们！"那姓崔的解释："地虽是崔家老业，可元宝不是崔家埋的，只能归姓禹的！"三推四让，元宝在山上几天没人管。最后经过四邻解劝，认为禹世斌是外地逃难来的，生活贫苦，元宝就让他抬回家置庄买地，安居乐业。从此，禹世斌发迹了，建起村庄，人称"仁义庄"。

（石随欣）

（四）染布种莲

墨子小时候，常住中汤北坡灵凤山他外婆家。这里坐西北向东南，背风向阳，是个小山洼。虽说住的是三间茅屋，屋外有个小灶火棚儿，但屋里屋外收拾得干干净净。院里摆几个小石凳，中间摆块大扁石头算是桌子，吃饭时一家老小围在一起，粗茶淡饭照样吃得又香又甜。小院一边儿，有条小路通往坡底，一直到小河边儿。外爷人勤快，外婆不怕出力，一家人和和睦睦，让外孙小墨翟从小就知道爱别人。墨子从小就很勤快，常帮外婆隆火、做饭、扫地；学外公干点小农活儿，有眼色，干啥像啥。

一天下午，墨子穿着娘做的白褂子下山玩。天闷热闷热的，他就去水坑里洗澡。他急慌慌把脱下的衣裳放到坑边一块石头上，猛跳下水去。这一跳不打紧，溅起的水花儿弄湿了放在石头上的衣裳，弄脏了一大片。这水坑里淤了可多黑泥，把白褂子弄黑哩。墨子心疼哩很，赶紧用手搓揉，搓了好几次，也没把白褂子弄白。咋跟娘交代哩？墨子一下子有了主意，回到家里，他跪在娘跟前，对娘说他洗澡弄脏了衣裳。不是当故①的。他还问娘，要是专门把白布或白衣裳埋在水坑黑污泥里，时间长些，会不会把白布染成黑布。

外婆在屋里听见了，手托一块白布走出来，说："你们娘俩的话我都听见了，有道理，让孩子去试试！"娘接过外婆手里的白布，递给墨子。墨子高兴坏了，三步并作两步，跑到水坑边，要把白布埋进黑污泥。又一想，刚才衣服是囫囵②着放在石头上，溅上去的黑污泥星星点点哩，这次要动真格地把颜色染均匀，得把白布伸展开才好。他用双手把黑污泥扒平展③，把白布伸平，放在黑污泥里头，再用双手从别处捧来黑污泥，匀匀实实地盖在白布上，用手抚平。跑到凉阴处玩了约一个时辰，跑回坑边，捞出白布一看，只见黑中带蓝，蓝中带黑。墨子特别高兴，跑回去把这情况告诉了外婆和娘。

墨子从中悟出道理：用不同染色的泥土，能染成不同的颜色。他到附近找黄土，用水泡湿，挖成坑，染黄布；听大人们说，三岔口有碎石渣滓，像紫色，就又到三岔口找那东西，把白布染成紫红色。经过多次试验，水坑染布染一回成一回。墨子为了多染布，干脆不回外婆家住了，就近住到三官庙

---

①当故：意为故意。
②囫囵：方言，布、纸、干菜等有韧度的东西团成的团。
③平展：方言，平坦、舒展。

嘴儿的三官庙里做工染布，又毫无保留地把这方法告诉邻居。一传十，十传百，不几天十里八村的百姓都学会了。

讲述者：
　　魏来发，男，66岁，鲁山县赵村乡中汤村人，农民，原村主任
　　李成才，男，74岁，鲁山县赵村乡中汤村人，农民
　　张怀发，男，60岁，鲁山县赵村乡中汤村人，本科，鲁山县文化局退休干部
采录者： 郝天明，男，58岁，鲁山县赵村乡赵村人，农民
采录时间： 2013年3月
采录地点： 鲁山县赵村乡中汤村

附记：
　　墨子老家二郎庙一带出橡树，墨子发现，橡子壳煮成的水，和坑塘里的黑泥掺搅一块儿，染在衣裳上，再洗都不褪色，就发明了坑染技术。这种技术后来就形成了一个市场，解放初赵村乡中汤街仍有染坊几十家。每当秋末迎冷儿（方言，天快要冷的时候）之时，染市就开始了。

　　染市热闹异常，唱戏说书，鞭炮齐鸣。大家首先用坑塘里的黑泥为墨子塑一尊像，然后献供，焚香叩头。以下提到的那首歌谣，就是祭拜者必须哼唱的祭词。

　　《墨子》一书中，"染于苍则苍，染于黄则黄"和"近朱者赤，近墨者黑"等名言即出于此。墨子之所以总是穿着黑色衣裳，河南人过去冬天也习惯穿黑色衣服，正是墨子传下来的染布技术和长期形成的生活习惯造成的。后人把墨子首次染布的黑污泥坑就称为"染布坑"，把他发明的坑染布的技术称作"坑染术"。这一技术一直传延使用到20世纪60年代后期。当年，墨子把染成的湿布晾晒在离溹池几十丈远的山崖上，后人把墨子晒布的山崖称作"晒布崖"。后来，墨子在中汤南河边上挖一块池塘，引来溹池中污水到池塘内，种植莲菜。后人把墨子种植莲藕的池塘称作"墨莲池"。如今，中汤街上点年纪的人还能指点出"染布坑""墨莲池"的所在。

　　自古以来，鲁山西山一带一直流传着一首民谣：

坑，坑，坑衣裳，
黑泥捏个墨子王。
披头发，大脸庞，
橡壳眼，高鼻梁。
一身黑衣明晃晃，
皂角大刀别腰上。
野鸡翎，发里藏，
肩上挎个万宝囊。
一双赤脚朝前走，
天下污浊一扫光。

这里说的"坑衣裳"，是墨子发明的一种染布技术，就是用橡子壳煮成的水和坑塘里的黑泥进行染布的一种方法。

墨子坊在中汤街西南角儿，那儿有一个小山嘴儿，地势高，视野开阔，人称"三官（天官、地官、水官）庙嘴儿"。墨子坊就建在三官庙嘴儿。墨子坊上屋三间大殿，东厢房四间，西厢房一间，中间供奉着三官，西边供奉着圣人墨子。逢年过节，很多善男信女前去烧香供奉，祈福消灾，香火旺盛，经久不衰。1989年农历十月，中汤村时任村主任魏来发协同中汤村李留定、

墨子坊遗址

郝杰等有识之士筹资在原址上重修一座两间新庙，坐南向北。2002年，又把墨子坊改建为坐北向南三间房，重新雕塑。至今前来参观拜访供奉求愿者络绎不绝。

"墨子坊"外左边立几块石碑，上首一块是"墨子坊"碑。（石随欣）

（五）烧炭

墨子小时候，老是带一群小伙伴到山坡上玩耍。

有一回，他们在山坡上挖一个大坑，又用石头把土坑围了一圈，再封些土，又到坡上拾了很多树枝，堆放在土坑里，隆火烤火。没想到，伙伴们正高兴，刮来一阵大风，火焰儿快把边起①的柴草引着了。一看要惹出大祸，伙伴们都可害怕，有的吓傻了，有的吓得直哭，不知咋办才好。

墨翟大喊："快捧土压火！"伙伴们一起捧土，把火压灭了。

第二天，墨翟又带着伙伴们到那儿去玩，扒开烧焦的土，看见着了②的树枝，有的变成了灰，有的烧成了黑棍棍，墨翟和伙伴们就随手拿一些回家让大人看。墨翟问父亲："这黑棍有用吗？"父亲说："这黑棍还没着透，还能点着烧锅。"

墨翟就让娘把黑棍棍点着火。还真是，黑棍棍又着了，光冒火苗，还没有烟。放在屋里烤火，屋子里暖烘烘的，还没烟，不像柴火那样，把屋里弄得狼烟动地③的。

墨子又专门按照这个办法试过好几次，都能做出这种黑棍棍。因为是木实④，烧过后又像炭，墨子把它们叫作木炭。

长大后，墨子曾在尧山村附近的山坡上，修建土窑烧制木炭。墨翟烧炭技术好，他能烧一种带树皮的木炭，叫"捂炭"，还能烧一种不带树皮的木炭，叫"明炭"，分给大家过冬烤火。现在尧山村附近有"捂窑""明炭沟"的地名，就是因当年墨翟在那里烧炭，传流到镇这儿⑤的。

①边起：意为边上。
②着了：意为被点燃、燃烧过。这里是燃烧过。
③狼烟动地：意为烟雾浓。
④木实：指木材。
⑤镇这儿：意为现在、这时。

采录者：张天铎，男，61岁，鲁山县二郎庙乡二郎庙村人，高中，二郎庙乡政府退休干部

采录时间：2003年3月

采录地点：鲁山县二郎庙乡二郎庙村

附记：

鲁山南、西、北三面环山，山区面积占全县总面积70%。境内沙河横贯全境，流域广阔，林木繁多。木炭取暖具有发热效率高、少烟熏的特点，旧时颇受富贵人家青睐。鲁山山区多有烧炭者。至于烧炭起源，已经无考，但当地人们宁愿相信这种方法就是墨子发明的。这种制作木炭的方法沿用至今。20世纪末，鲁山开始重视环境保护，实行封山育林，禁止伐木烧炭。于今，木炭烧制，在鲁山几近绝迹。（石随欣）

（六）捂窑

墨翟小时候，经常带一群小伙伴到山坡上玩耍。

有一次，他们在山坡上挖一个大坑，又用石头把土坑围了一圈，再封些土，之后又到坡上捡拾了很多树枝，堆放在土坑里，点着火，烧着玩。

一阵大风刮来，伙伴们个个又惊又怕，有的吓傻了，有的吓得直哭，不知咋办才好。这时，墨翟急中生智，大喊："快捧土压火！"伙伴们一齐奋力捧土，很快扑灭了大火，避免了一场火灾。

第二天，墨翟又带着伙伴们到那里去玩，扒开烧焦的土，发现燃烧后的树枝，有的变成了灰，有的烧成了黑棍棍，墨翟和伙伴们就随手拿一些回家。

墨翟父亲墨通把黑棍棍放到炉灶旁，墨翟的母亲把它们放进炉灶。黑棍又引燃了，火力特别旺，还不像树枝那样烧着了有烟气。墨子高兴坏了。

墨翟长大后，曾在尧山村附近的山坡上，修建土窑烧制木炭。墨翟烧炭技艺高超，他能烧一种带树皮的木炭，叫"捂炭"，还能烧一种不带树皮的木炭，叫"明炭"，分给大家过冬取暖。

采录者：戴保仓，42岁，鲁山县二郎庙乡二郎庙村人，初中，农民

采录时间：1996年9月

采录地点：鲁山县二郎庙乡

附记：

堂匠班是墨子创办的，也是中国历史上较早的集体生产的劳动组织。墨子把强壮劳力集中起来，叫"镢头班"。参与人员里的领班可根据谁家活儿的情况依次安排。到谁家，谁管饭，统一记工，相对平衡，如果是特殊困难是无私帮助，不用管饭，不用计工，没有报酬。墨子还把社会上的工匠、铁匠、木匠、石匠、泥水匠等匠人组织起来叫"堂匠班"。承揽村庄及大户人家的主要工程，垒堰改地、建房造林、治水筑河坝，村庄垒护村寨墙等。镢头班、堂匠班都受民间墨家组织成义堂领导，以墨子为祖师、以善义为宗旨、以协作劳动求生存。他们互敬、互爱、互信、互学、互帮，并要求相处得如同堂兄弟一般，所以叫"堂匠班"。鲁山县尧山镇周边都有这样的组织，像尧山、赵村、四棵树、下汤和南召县的马士坪、崔庄，嵩县的车村、孙店、白河等堂匠班的上级组织墨成义堂，现在也演变成了墨成义庙。现在木（墨）札岭墨成义庙尚存。堂匠班这个组织一直到解放后被互助组代替，他们的精神一直延续到20世纪90年代。流传下来的儿歌说："堂匠班、堂匠班，大家合作把活儿干。你帮我种一道洼，我帮你收一片山。你帮我，我帮你，讲义气，多行善，墨子的话记心间，长大也进堂匠班。"随着市场经济大潮冲击，堂匠班今已几乎不存，然而墨子创建堂匠班互帮互助的事迹，依然在当地广为流传。（石随欣）

（七）榆木疙瘩成才

鲁班收徒弟很是讲究，聪明的他就喜欢，笨的就拒之门外。他有个徒弟叫泰山，跟着鲁班学木匠活儿总是学不好，泰山丈量东西不用尺子，也不用墨线，安个斧头也是歪把子。

有一天，泰山拿着两棵小榆树，窝成弯弓一样，左摆弄右摆弄，心想，这不是能窝成小凳子吗？扔了多可惜呀！鲁班一见恼了，夺过小榆树，扔到地上，踩了几脚，掂起歪把儿斧子扔给泰山，狠狠地说："你真是个榆木疙瘩，一百斧子破不开，再说也不听，就不顾面皮。走吧！想上哪儿上哪儿，想干啥干啥！"

墨子正好路过这里，忙劝鲁班："大师息怒，树有高低，人有别才，还需因材量体，从长计议，慢慢教来给他个出路吧！"

鲁班冷冷地说："你有本事，让榆木疙瘩长成个大材料儿来！"

墨子看已劝不动鲁班，就捡起两棵小榆树，扔到一块巨大的石头上，说："既然是榆木疙瘩破不开，那就长远和石头做个伴儿吧！"说罢扬长而去。

泰山没办法，只好捡起斧头，寻墨子另寻生路去了。

谁知后来，两棵小榆树竟然真的生根发芽，成活了，而且树身长满碗大的疙瘩包包，树皮光光，人们叫它"赤肚榆""疙瘩榆"。

讲述者：

郑建丕，男，50多岁，鲁山县瀼河乡黑石头村人，鲁山县文化局干部

张怀发，男，50多岁，鲁山县赵村乡中汤村人，本科，鲁山县文化局干部

张刚，男，鲁山县文化局退休干部

张文焕，男，鲁山县二郎庙乡人

杜建荣，男，鲁山县瀼河乡黑石头村人

张冠文，男，80多岁，鲁山县二郎庙乡二郎庙村人，卫生院退休职工

墨子鲁班比巧处

第五章 传说歌谣 口口传唱

采录者：郭成智，男，60多岁，鲁山县城关镇人，鲁山县县志办退休干部

采录时间：21世纪初

采录地点：鲁山县二郎庙乡二郎庙村、鲁山县瀼河乡、鲁山县辛集乡

附记：

在墨子故里鲁山，有两棵大果榉，又名小叶榉树、赤肚榆等，相传就是当年墨子扔在石头上的两棵小榆树。历经两千多年风风雨雨，这两棵赤肚榆巍然屹立，几人方能合抱，成为当地树中之王。人们喜爱、敬畏这两棵榆树，谁要是攀爬折枝，准会遭到老人们的斥责。李文杰不止一次听人讲过这个传说，其中就数任长青讲得生动、详尽。李文杰听过后，意犹未尽，还多次到现场看过呢。树立根岩石，也真是长得奇特。李文杰笃信，这就是当年墨子留下来的。（石随欣）

（八）风筝山比巧

茅山东侧那座最高的山就是风筝山，它就是当年墨子与鲁班比巧的地方。

相传墨子的父亲名叫墨通，是一位高级工匠，因打小跟着爹爹在洛阳官学学习，技艺很高超。鲁班早年就是墨通的学生。鲁班比墨子大十多岁，所以墨子尊称鲁班为师兄。

墨子在茅山办学时，就请了鲁班担任工技老师。由于鲁班自高自大，有些傲慢。有一回，学生泰山在完成作业时，没有完全照他的意思做，鲁班就把泰山赶走了。墨子知道后批评了鲁班几句，鲁班竟赌气离开了道院。后来墨子派人请他回来，他却提出要同墨子比巧，并声言，如果比败了，他就回来，若墨子败了，墨子以后就得听他的。

以前，墨子做了一个木鸢，飞了一天就坏了，而鲁班做的"鹊"，却能飞三天而不落，所以他就以为自己是最巧的人，提出要与墨子比放风筝。墨子没办法，只好同他比起来。

这天，响晴响晴的。鲁班来到风筝山，他断定墨子一定败在他手下。

比赛开始了，鲁班首先放出了他的鹊。真是名不虚传，他的鹊很快就飞上了天。

墨子的风筝是一个木鸢，又大又重，能不能飞起来大家都难以断定。墨子不慌不忙地开始了。他稳稳当当地起跑，小心谨慎慢慢放线，木鸢慢慢地飞了起来，并且很快飞到天。一忽儿竟然飞过沙河，飞到了老虎岭的上空，而把鲁班的鹊远远地抛在了后面。

鲁班的鹊，再也飞不起来了。尽管他拼命拉线，他的鹊还是升不起来。鲁班扔掉了手中的线绳，转身下山而去，头也不回地走了……

墨子不知道他要去哪里，所以也没有去追他。墨子又失望，又心疼。不过他相信鲁班是在赌气，会回来的，然而鲁班却没有再回来，而一直往南方走去了。这一走，好多年没有回来。当墨子十天十夜赶到郢城，劝阻楚王不要攻打宋国时，才知道鲁班是给楚惠王造攻城的云梯去了。

讲述者：

郑建丕，男，50多岁，鲁山县瀼河乡黑石头村人，鲁山县文化局干部

张怀发，男，50多岁，鲁山县赵村乡中汤村人，本科，鲁山县文化局干部

张刚，男，鲁山县文化局退休干部

张文焕，男，鲁山县二郎庙乡人

杜建荣，男，鲁山县瀼河乡黑石头村人

张冠文，男，80多岁，鲁山县二郎庙乡二郎庙村人，卫生院退休职工

采录者： 郭成智，男，60多岁，鲁山县城关镇人，鲁山县县志办退休干部

采录时间： 21世纪初

采录地点： 鲁山县二郎庙乡、鲁山县瀼河乡、鲁山县辛集乡

附记：

茅山，在鲁山县城西南20多里，为墨家弟子禽滑厘问学地。东侧瀼河乡平高城村后山名为风筝山，传说是古时大教育家墨子在此放风筝而得名。后人曾在山上建了一座放鸢塔。尽管今天塔已经毁坏，可塔的基址还在。山上风景秀丽鸟语花香，植被丰茂。平高城又称三鸦镇。唐《通典》记载："后周（在鲁山县）置三鸦镇，在县城西南十九里，亦名平高城，以御齐。"三

鸦路是洛阳南下经鲁山、南召通向南阳的著名古道。不少史料记载，作为宛、洛间最近捷的通道，早在秦汉时，三鸦路即为交通、军事要道。

关于风筝的起源有多种，当地传说墨子曾制成风筝，在风筝山与能工巧匠鲁班比巧。这与典籍记载的墨子"费时三年，以木制木鸢，飞升天空"，"斫木为鹞，三年而成，飞一日而败"是一致的。这只木鹞是最早的风筝，也是世界上最早的风筝。（石随欣）

（九）下棋赢鲁班

墨子在楚国皇城，干脆利落地在楚王面前战败了鲁班，鲁班费了九牛二虎的力气做的攻城兵器成了一堆废品，鲁班在楚王面前受冷落，升官发财的美梦成了泡影。

鲁班只得回到鲁阳，实在难以咽下这口恶气，便一心要找墨子算账。

墨子早有打算，他觉得水来土掩，兵来将挡嘛！论文论武，随便。

鲁班找到墨子，一不吵，二不闹，就和墨子下棋。鲁班不仅手工技艺一流，而且棋艺也是世人皆知的。墨子研究军事、攻防战术，人们都称他巨子，当然也不在话下。鲁班摆出好多种棋法，民间的、宫廷的都有，墨子一一应对。不管是哪种棋，棋盘、棋子、棋规，墨子都懂。

一天，鲁班突然摆出一种棋阵，让墨子吃惊不小。原来，鲁班摆的棋阵稀奇古怪，有横线，有竖线，还有斜线，共二十五个棋位。墨子问："这是下五方棋、五行棋，还是什么棋？"鲁班说："棋不在名，而在实。这是我新创的攻城棋，今儿，咱俩决一死战，我要打败你了，你要把我再引荐给楚王；你要是胜了，我就隐居回家养老去，再也不出来逞能。"墨子笑着答应了。

鲁班所设这一棋局厉害！这是个从来没见过的攻城阵势，只要变动不同的方向，就能有二十四路同样力量但有不同前锋和排列方式的突击队攻城。鲁班见墨子不吭声，心里暗暗高兴。他说："我有点家务琐事儿，棋先搁这儿，三天后咱们再来会棋吧。"墨子说："棋都摆好了，说啥等三天？先下完了这盘棋，您也好静心回去办私事儿。"

墨子根据自己守城的实践，针对鲁班的棋局，立马设计出一个相应的棋局来，可以随需要而灵活调整兵力，有几百种变化，远胜鲁班。

棋局摆成后，墨子也说："棋不在名，而在实。这是我据鲁阳关团城演练守城方法想出来的，不想着起个乱七八糟的名字，就叫它'非攻'，专为公输子你的棋图而来，只不过是保卫城郭的一种守势。"

鲁班与墨子对弈多日，墨子虽屡屡稳操胜机，却总要与鲁班下个和棋，这不是轻蔑的让，而是给鲁班以施展棋术的机会。鲁班虽然没办法取胜，不过怒气已消散不少，无意再做政客，掺和列国打仗的事儿，就回到平民中间，仍然过着自食其力的消停生活。墨子仍然为平民辛劳奔波，游走天下。

讲述者：郑发，男，鲁山县尧山镇相家沟村人，教师

采录者：张怀发，男，59岁，鲁山县赵村乡中汤村人，本科，鲁山县文化局干部

采录时间：2012年秋冬

采录地点：鲁山县尧山镇

附记：

棋盘山原名白云山，又名华峤山。位于鲁山县南部团城乡与南召县搭界处。山上有庙，名曰祖师庙。一棵千年椴树笼罩着黄瓦石墙，供奉真武祖师。门前右前方有石碑两通，其一块记载："鲁山西陲白云山（华峤山），高千仞，阔万里，群峰耸翠，白云缭绕，林涛轰鸣，巨石奇特，山坳有古庙遗址，原名通天观，明朝万历年间重修，而更名为铁瓦庙……"两峰之间的山脊上有个棋盘石，因而此山更名棋盘山。

相传墨子鲁班各创一棋局，一攻一守，据说守者稳如泰山，输的概率很低，而攻者，要么和棋，要么越攻越输。墨子、鲁班所创的这个战国石刻棋阵，简称"非攻棋"，其对弈方法变幻无穷。鲁班的棋阵是横五线纵五线，左斜三线，右斜三线，如同四个米字格拼合在一起，可简记口诀为"四米下田"，各线交叉点布子儿，有二十五个棋位。二十五个棋位，用一至二十五这二十五个数，一数一个棋位填满，每个数的大小数值不同，表示兵力大小不同。而每纵、横、斜对角线均为五个棋位，各填五个自然数，各线五数之和均为六十五。墨子给出的棋盘是：先画一个米字形骨架，再从外向内，由大到小，在米字骨架上画出四个方形口字框，正中心最小的口字留成空心，即大型米字的中心去掉一个小型米字，使棋盘如同空心蛛网状，可简记为"大米套四环，小

尧山风景

米空中间"。各线交叉连接点形成三十二个棋位,再把一到三十二的数,按一定规律分别摆放在三十二个棋位上,使横、竖、斜及四个口字环城线路上都有八个棋位八个数,其和相等,均为一百三十二,远远大于鲁班的每路六十五,如果以八个方向各条短线上四个数相加,是六十六,也比鲁班的一条线五数之和六十五大一。鲁班所布阵,属方阵形式。墨子所布阵,为轮阵形式,画成四条直径和四道大小不等的同心圆环,效果一样,守方即使在八条半径上各选四个数,加起来还是六十六。他们将两棋阵接连在一起,一攻一守,深入切磋。守方有八个城门,按每战进攻三个城门计算,不说各路兵力的大小,就前锋一个棋子的力量来说,守方就能很快调整成一个城门为和棋,一个城门为胜棋,而另外一个城门仍有与攻方持平讲和的余地,且守方调兵非常灵活方便,调动局部而不会乱了全阵。即使在现今,也极具研究价值。

2013年9月30日，中央电视台4套"走遍中国"栏目播出《奇闻轶事》第9集《棋盘谜局》，探秘这一神奇文化遗存，揭开一段鲜为人知的历史真相。

张怀发是鲁山地方历史文化学者，钟情于考古发掘的同时，热衷于收集整理民间传说、故事。他看到棋盘山上这一棋局，自然要刨根问底。2012年，他打听到尧山镇郑发会讲述棋盘山的传说，专程去到尧山镇，记录下这个故事。（石随欣）

（十）止楚攻宋

墨子已经预料到鲁班要去楚国郢都，也知道楚王扩大地盘侵略别的国家已经成瘾了，鲁班这一去，要想在楚王手下谋事，就绝对干不出好事来。回到西竹园，墨子就与他的得意弟子商讨鲁班的去向及应对策略。作为关注民生的社会活动家墨子，早已安排多路人员联络，掌控着天下各种信息，能随时出击应对，这是他的强项。

没多久，果然得到了鲁班在楚国当官的消息。鲁班献计楚王，将要攻打宋国的消息及时传到了墨子的耳朵里。墨子做了应对准备，直奔楚国而去。

墨子步行出鲁阳关，过南阳，十天十夜到达楚国都城郢，见到了鲁班。

墨子说："北方有人侮辱我，我想请你去把他杀了！"

鲁班说："我是讲义气的，从来不杀人。"

墨子抓住话柄说："那你为什么帮助楚王去打宋国，去杀更多的人呀？你还是停止攻打宋国吧！"

鲁班说："楚王已经安排好攻打宋国这件事了。"

墨子让鲁班同他一起去见楚王。见到楚王，墨子说："我听说有这样一个人，自己家里放着绫罗绸缎，却要偷人家的破衣服穿；自己有豪华的车辆，却要抢人家的破车子坐。这是个什么样的人？"

楚王说："这个人一定是有偷盗的毛病了！"

墨子紧接着说："楚国地广人多，物产丰富，您却要去攻打宋国那个贫穷落后的弹丸之地，这却是为何？"

楚王说："你提起这件事呀，鲁班已经为我做好攻打宋国的准备了！"

墨子见还不能说服楚王，就解下衣带，作为城池，让鲁班来进攻。

鲁班用尽各种方法进攻，都被墨子一一打败。鲁班说："我已经找到取胜的方法了，我就是不说。"墨子也说："我也知道你所想到的取胜的方法是什么，我也不说。"

楚王听不明白，就追问原因。

墨子说："鲁班是想杀我，以为把我杀了，就没有人能阻挡他了。这样的小伎俩，我早已预料到了。所以在来郢都之前，我已经让我的徒弟禽滑厘等三百人，学好了应对楚国进攻、固守城池家国的方法，他们正在那里等待着侵略者呢！"

楚王见攻打宋国不会捞到什么便宜，只好放弃了攻宋计划。

讲述者：不详

采录者：张天铎，男，62岁，鲁山县二郎庙乡二郎庙村人，高中，退休干部

采录时间：2004年4月

采录地点：鲁山县二郎庙乡二郎庙村

附记：

流传最广的墨子故事，莫过于《止楚攻宋》了。这个故事曾被编入中学课本，在墨子故里鲁山更是深入人心，为人们所津津乐道。

"公输盘为楚造云梯之械，成，将以攻宋。子墨子闻之，起于鲁，行十日十夜而至于郢，见公输盘。"周代鲁国有二，其一在河南鲁山县，人称西鲁，为武王始封周公之鲁，亦伯禽始居之鲁；其二在山东曲阜，原商代奄国之地，人称东鲁，系周公东征践奄之后，成王再封伯禽之国。西鲁在前，东鲁在后。西鲁夏商时已存在。《左传·昭公二十九年》《逸周书·殷祝解》都有记载。学者认为，从行程上看，墨子"起于鲁"的"鲁"，只能是鲁山，而不是其他什么地方。这也成为"墨子里籍鲁山说"的有力证据之一。"非攻"是墨子思想重要组成部分。（石随欣）

（十一）暗助鲁阳公

鲁阳公就是鲁阳文子，是楚平王的孙子，大司马子期的儿子，当时就封于楚国北境鲁阳，也就是今天咱河南鲁山。那时候啊，两国之间经常打仗。

一次，韩国又来攻打鲁阳，把鲁阳城围得水泄不通，可危急了。当时，墨子去了鲁国，没有救援，鲁阳公着急得很，就想冲出城去，与韩军决一死战。就这样他骑着战马，带着娘娘和小孩儿①，一路厮杀冲出城来。他把夫人和没多大儿②的孩子带到鲁阳城北的一座小山上，对娘娘说："你在这里看着，要是我的战旗不倒，你就老等③；要是我的战旗倒了没再起来，你们就自寻活路好了。"说罢冲下山冲进敌阵，两国可打起来了。

这时天都快黑了。鲁阳公着急起来，他挥着手里的长戈，大吼一声，让快要落了的日头④拐回来。可说也奇怪，猛然间，天亮了不少，就好像落下去的日头真的又回来了一样。这一来，鲁阳公提起劲儿，把韩军打败了，韩军士兵扭头就跑。鲁阳公骑着马去追杀，没想到马失前蹄，一下子从马上摔了下来，他的战旗也被马绊倒了。

娘娘一直在山上看鲁阳公打仗，眼都没敢眨巴一下。她一见鲁阳公从马上掉下去了，战旗也倒了，想着鲁阳公肯定是死了，就抱着孩子跳下山崖，摔死了。

其实，天色转亮并不是太阳回来了，而是从外赶回的墨子带着援兵杀了过来。鲁阳保住了。人们把娘娘抱着孩子观战的山坡称作抱子坡。鲁阳公挥戈返日的传说流传至今。

讲述者：

郑建丕，男，50多岁，鲁山县瀼河乡黑石头村人，鲁山县文化局干部

张怀发，男，50多岁，鲁山县赵村乡中汤村人，本科，鲁山县文化局干部

张刚，男，鲁山县文化局退休干部

张文焕，男，鲁山县二郎庙乡人

---

①娘娘和小孩儿：娘娘，意为皇帝的妻或者妃子。文中指的是鲁阳公的夫人。小孩儿，年龄不大的男孩子。文中指的是鲁阳公的幼子。
②没多大儿：大，方言习惯儿化。没多大儿，意为年幼。
③老等：意为只管等候。
④日头：指太阳。

杜建荣，男，鲁山县瀼河乡黑石头村人

张冠文，男，80多岁，鲁山县二郎庙乡二郎庙村人，二郎庙卫生院退休职工

采录者：郭成智，男，60多岁，鲁山县城关镇人，鲁山县县志办退休干部

采录时间：21世纪初

采录地点：鲁山县二郎庙乡、鲁山县瀼河乡、鲁山县辛集乡

附记：

鲁阳为县，鲁阳公之所以称公，大约是僭越礼制的缘故。他的夫人，鲁阳民间称娘娘，只是一种习惯的称谓。抱子坡位于鲁山县城北20多里之黑山。黑山，现有黑山庙，得名一说源于王莽撵刘秀，但更广泛的说法，是因楚国与韩构难，鲁阳公挥戈返日三舍。战国初期，鲁阳即是楚国封邑。楚国最北部边界，达鲁阳北之汝水。墨子与鲁阳公是同时期人，墨子也是鲁阳公的座上宾，《墨子》一书中多有墨子与鲁阳文君问答。鲁阳公挥戈返日的传说，见诸《淮南子》等多种典籍，带有浓烈的传奇色彩，并不能探究其原因现象，

弃攻图壁画

鲁山当地百姓，于是将其归之于墨子神力相助的结果。

鲁山有关墨子的遗迹遗存很多。鲁山县团城乡与熊背乡相邻处的大石垛山上，有个庙院墨爷庙，为墨子讲道处。庙中墨子端坐，精神专注，做讲经状。庙的墙壁上绘着两幅彩色壁画。一幅是墨子说服楚惠王放弃攻宋的"弃攻图"，另一幅就是天神向墨子赠送夜明珠的"赠宝图"，表现的就是传说中天神赠给墨子夜明珠的故事。

郭成智采录这篇传说，不是在一时一地完成的。最多时候，三四个讲述者围坐在一起，大家七嘴八舌，有人主讲，有人插话补充，也就一些不同的细节发表自己的意见。郭成智综合了大家的说法定稿。如今，讲述者中，张冠文、张文焕已经去世，张怀发在西安享受弄孙之乐，张刚也已经无法取得联系。（石随欣）

（十二）隐居黑隐寺

墨子晚年时，曾经到楚国国都郢城，游说楚王，不要讨伐东鲁曲阜。楚王不听劝阻，说："那年你劝我不要攻宋，我就上当了。今再不伐东鲁，楚国国库空虚，靠什么填补？"原来，诸侯间争战不休，都是为了发战争财。楚王看东鲁是块肥肉，不肯放弃侵略，所以墨子说不服他。墨子主张"非攻"，是为了天下百姓着想，可他的学说自己的国君都不愿施行，墨子心灰意冷起来，产生了隐居世外、安度晚年的想法，回归鲁阳故里。

在楚长城内城北门的交口山，有前来接应的弟子郑生、杜光等，他们在楚长城门外已等候多日了。师徒们沿瀼水北上。墨子一路上少言寡语，弟子问话，他也不像往常那样脱口而答，看上去闷闷不乐的样子。一个渡口处，大家走累了，想歇歇脚，便坐在沙滩上谈心事。

一阵沉默过后，田鸠劝墨子："老师你也别太过忧虑，多多保重才是。"禽滑厘说："弟子小时候学儒学，长大了，听说西鲁的墨学是救世真经，就舍弃了儒学，大老远跑来跟老师学学问。依我看，墨学以后一定会光耀华夏，老师何必犯愁？"墨子突然说道："依我看，以后儒学比墨家前途大！墨家会慢慢消失的！"

弟子们从来没听墨子说过如此丧气的话，便惊奇地问："圣人为啥说这话？"墨子说："我看到饥者不得食，寒者不得衣，劳者不得息，还有诸侯间连年混战，一次战争就战死数万人、几十万人！我才创设学馆以救世人。但是，为师老了才明白过来，天子他们对墨家并不欢迎。"

大家都觉得老师说得有道理，可也不知道咋安慰安慰老师。弟子们看出圣人要隐退。天已晚，墨子只让杜光一人留下，让别的弟子向在山弟子传话，就说先生不知去向，弟子们好自为之。

墨子带着杜光，赤巴脚①渡河，继续向北走去。不到半个时辰，走到一个峡谷深渊、茂林密竹的去处，忽听有"呼噜呼噜"的响声，二人停下脚步细看，只看见山崖上不停地往下掉土。杜光十分惊奇，而墨子却暗喜，道："这是天机呀……"原来，墨子想隐姓埋名，正愁改什么名字好呢，如今见山崖土掉，不管是什么原因，总之，掉土，大有深意。由此他联想到"墨"字掉个"土"字，是为"黑"姓。于是，他打算改"墨"为"黑"，在这里隐居。

墨子把心事跟杜光说了。二人再翻一条岭，见竹林中有一所破宗庙，就住在那里，想到隐居后对世人说是姓黑，可说自己是什么名字呢？想了好长时间，仍在"墨"字变"黑"字上做文章。突然，墨子想到："墨"字改变为"黑"字，是因"土"字掉了。以此隐姓埋名，是为隐士，隐士者因士也，就这样，把名字改为"黑因士"。

黑因士隐居期间所整修的地方，后人修庙院以纪念，并谐"黑因士"之名为黑隐寺。墨子决心隐居的地方，后人取地名为土掉沟。

据传，墨子隐居时将近70岁，寿终时90多岁，隐居20多年。这中间与亲信弟子保持联系，与平民百姓也选择性地往来。

讲述者：孙德润，男，60多岁，鲁山县二郎庙乡二郎庙村人，农民
采录者：陈金展，男，60多岁，鲁山县瀼河乡人，退休职工
采录时间：20世纪90年代
采录地点：鲁山县二郎庙乡

附记：

黑隐寺是春秋战国时期的古遗址，它和土掉沟，都在今鲁山县西南30

---

①赤巴脚：光着脚。

多公里的熊背乡。鲁山县熊背乡熊背村土掉沟与黑隐寺自然村对墨子隐居于此的事儿大都能说上几句。20世纪80年代编纂出版的《熊背乡地名志》对此也有记述。

  传说，墨子隐居尧山故里的后期，曾到过鲁山与南召交界的一座大山（海拔1585米）采药，他看那里祥光普照，大气磅礴，山明水秀，鸟语花香，林茂物丰，野果累累，此乃一派人间仙境之地也，于是就随遇而安，在那里居住了很久……后来，当地百姓知道在那里住下的是墨子，就给那座山起名叫"大圣人垛"，并在那里为墨子修庙敬奉称墨子为祖师爷。两千多年来，代代有人看管、修缮，至今祖师庙尚存，香火不断。1993年夏天，鲁山县的熊背乡黑隐寺村民张国、王国全等在黑隐寺山坡上挖矿石，挖出了一个山洞，里边发现了人骨、铁剑、几件战国陶器等，考古者认为此处应是墨子隐居仙逝的地方。传说墨子晚年隐居的黑隐寺，乃是一方风水宝地。其南，瀼水曲曲弯弯，时而路左，时而路右，曲折多弯，到与溉水交汇处，满打满算不到三十里，却有"七十二道脚不干"的说法。路为三鸦路，又称宛洛古道，是联结南阳、洛阳的必由之路，留下了许多动人传说。黑隐寺、土掉沟群山环绕，风景旖旎，美不胜收。所在的熊背乡是宋代抗金名将牛皋故里。今黑隐寺早已不存，只留下这个动人的传说，让人世世代代咀嚼回味。讲述者孙德润是墨子文化传承守望者。他在墨子故居附近建房布展，传播墨子文化，数十年如一日，从不停歇。2018年，孙德润身患绝症，住院期间仍念念不忘弘扬墨子文化，对前去探望的鲁山县政协副主席、县炎黄文化研究会会长邢春瑜等人表达再不能传承墨家文化的遗憾。不久，先生去世，其传承墨子文化的"墨子居"也被后人拆掉，可惜！（石随欣）

（十三）赐赠宝扇

  一天，鲁阳文君带领众随从来到中汤温泉，见此处祥云缭绕，腾腾热气上升，一潭热水现出眼前，遂扳鞍下马来到池中沐浴，浴后甚觉身爽。穿戴一毕前行，有一大臣见一作坊甚为好奇，作坊院内堆有极多橡壳和黄栌柴之类的东西，大臣问作坊伙计："要这些东西何用？"伙计答："此物能染布匹，橡壳捣碎用温泉水浸泡成墨水，可染黑布，黄栌柴（山上的一种树木）捣碎，用温泉水煮熬成汤可染各种布色，做衣鲜艳夺目。"鲁阳文君听罢道："此乃染坊也。"诗兴大发，作诗曰：中汤佳地有染坊，染坊染坊染染坊。一句吟罢，问跟随的官员们谁能对出下句。结果，官员们一个个张口结舌，无言对答。这时，从屋里走出一人，此人黑脸膛，橡壳眼，高鼻梁，赤麻脚，穿一身黑衣裳，这人便是墨翟。只见他上前叩礼答道：染房门前见君王，君王君王君君王。官员们一见此人这般丑陋，却有十分文采，心下暗暗称奇。文君高兴问道："你是何许人也？"墨翟上前施礼答道："我乃一介草民叫墨翟。"文君说："为何躲在屋内不见寡人？"墨翟答："怕惊扰君王。听您作诗，冒昧献丑。"文君大喜，当下欲封其官职，墨翟坚决不受，又赐他金银珠宝，也不收。文君犯难，说："你官不做，金不收，想要什么？"墨翟叩头谢道："草民只愿云游天下，交结四海朋友。"文君一听，赐一把玉坠宝扇给他，并题诗一首："染坊一师傅，与君是老友，封官官不做，赏银银不要，逢府府官迎，入县县官留，哪位敢不敬，定要他掉头。"墨翟接过宝扇，口称："谢吾王。"自此以后，二人结为挚友。墨翟手摇宝扇，云游天下，越府过县，皆为上宾。

讲述者：李成才，男，75岁，鲁山县赵村镇中汤村人，农民
采录者：李文杰，男，61岁，鲁山县赵村镇朱家坟村人，原村主任
采录时间：2014年3月15日
采录地点：鲁山县赵村镇中汤村

（十四）墨子过三关

剑门关。西竹园村山林广阔，向南的一道溪流延伸20余里，直通南天门与长江水相接的天泉，这个溪谷叫相家沟。相家沟山高谷深水幽，植被丰茂，至今仍是原始林地，又是墨家活动遗址，墨子和鲁班交锋的一些重要景胜和故事也多在这道山谷里存在着。当年，相家沟虽是墨家相里氏的活动基地，但他们的一般生产生活都要在西竹园及附近的村子，而相家沟只有巨子和高徒们有重要议事或特殊研讨项目才可进入，那里也有墨家秘密藏经洞、藏兵洞、演艺场、驯兽台等，还有野猪窝、杜鹃洼、百花圃、冬青荫、白松岩、金钗崖等原始生态地，不仅是墨家隐士领地的核心，更是狼虫虎豹猛禽悍蜂的乐园，应该说是寻常人类活动的禁地。有一天，鲁班突然闯进墨家的禁地相家沟。进沟走时留下几句话："若要上南天，且过三道关；谁要有能耐，自己

往里钻。"又有徒弟来报,南面相家沟,叫鲁班把沟口封住了,谁也进不去。鲁班当然也是和大自然相处的高手,今天来者不善,想必是真的要和墨家叫板较量了。墨子到跟前一看,沟口被一块儿两丈高的大石板堵死了,这块大石头是鲁班从路口山崖上一斧头劈下来的。有个徒弟举起斧头照着石板砍了过去,结果斧头掰了个大豁子,石头上只留下个白印痕迹。墨子忽然明白,鲁班用石板堵他山门,是要笑来者是"班门弄斧"啊。呵!墨家领地,转眼成了鲁班的门户,太狂妄了,这鲁班是成心和墨子闹翻脸呀。徒弟们急得看着墨子。墨子见状,知道得和鲁班动真格的

相家沟鲁班试斧处

了。那他何不来个"墨门亮剑"?墨子虽然身不离剑,但从来不在人前卖弄,今日不得已,拔出剑来,只见一道寒光,一剑将石头劈为两半,闪开一道口子。这道口子就成了这道沟的门户,直到现在,还是进入这 25 里长沟的唯一出入口。这个口子呈 V 字形,上宽有 1 米左右,下宽 30 厘米多,仅能通过一个人,是标准的"一夫当关,万夫莫开"之势。人们管这个石门叫"剑门",管这

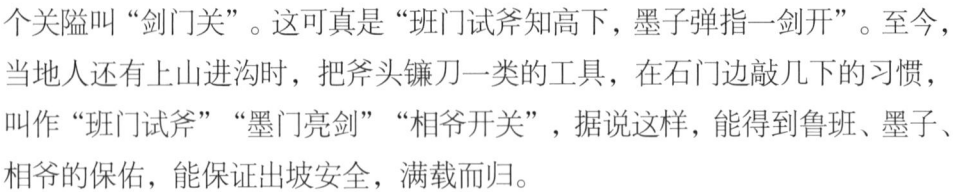

个关隘叫"剑门关"。这可真是"班门试斧知高下，墨子弹指一剑开"。至今，当地人还有上山进沟时，把斧头镰刀一类的工具，在石门边敲几下的习惯，叫作"班门试斧""墨门亮剑""相爷开关"，据说这样，能得到鲁班、墨子、相爷的保佑，能保证出坡安全，满载而归。

  巧度美女关。墨子带着徒弟们闯过了第一道关，为人们打开了相家沟的神秘门户剑门关。他带着相里子一行人，沿溪南行到了月亮湾处。那里春暖花开，满山映山红。徒弟们陶醉于景色中。墨子担心鲁班破坏藏经洞书籍，让相里子密查，相里子说丝毫没动。那鲁班这样大张旗鼓，是要干什么呢？就想比个武？那还不直来？墨子要探个究竟，所以鲁班是啥意思，必须弄清楚。墨子师徒一行刚要西折前进，却遇到一堵巨石影壁墙，仔细一看，是玉兔挡道。玉兔现了原形，说是前边有嫦娥下凡来，正带着仙女们在潭溪里洗澡玩耍，来人不便前去。莫非鲁班买通了月宫玉兔来消遣人？哎，利用尚可，买通，鲁班恐怕还没有那个能耐！有人来报，说是前边确实有美女把关，月亮台有轻羽霓裳歌舞，月亮潭里有美女正在沐浴嬉戏，无法通过。那鲁班呢？他是咋过去的？墨子一想，这是鲁班在损我墨家之德呀！墨子查看许久，见嫦娥与仙女们的金钗挂于悬崖上，而且顺悬崖拖上去的葛条藤蔓被刚刚砍断，噢，这肯定是鲁班干的好事呀！这老将是自己攀上去，而又断后来者之路呀。墨子让徒弟们盯住金钗，也朝金钗崖前走，并且边走边学百灵画眉鸟叫，以此遮掩攀登声响，躲过仙门。大家钻进花树灌丛，绕过溪潭，蜿蜒前行。到了崖跟前，眼看就要穿过美女潭，却找不到前进的路，只有一个弯弯的石洞，上边有用斧头刚刚刻上的三个字"美女关"。哦，鲁班原来是卖了个关子，在这里又以"英雄难过美女关"来骚侃人哪！洞口有只猴子"哇哇"直叫，有徒弟给了猴子好吃的，在猴子脖子上拴上葛条，随猴子钻了进去，可进到洞里，猴子撑开葛条跑没影啦。徒弟大半天钻不出洞去，只听见喊话说摸着石墙走不到头。墨子叫徒弟变换一只手，变变左右方向摸着走，果然不大工夫就走出洞绕过去了。原来洞里有一根大石柱，徒弟开始是用一只手摸着柱子朝一个方向转，怎么也转不到头。换一只手，就贴着外壁转出来了。这个洞叫"转运洞"，迷者会越转越晕，明者会越转越有智慧交好运。转运洞至今也是个很好玩的地方。一个徒弟探路折回来说，前面都是高山挡道，不见鲁班踪影，墨子说："上有天，下有地，前有路，公输子到处，我必能达，走！"

天门关。墨子一行顺溪而上。快到相家沟尽头,就是一高耸石门,叫南天门。天门内有飞瀑流泉,高接云天。进南天门,翻过天门山,就是长江流域,正南行,就可达楚国的中心地盘了。大家停住脚步歇息,仰望天门景观。忽有徒弟惊叫:"你看!仙人晒靴!那儿有仙人晒靴!"大家已经注意到了石门外一高高石柱上,托起一只鞋底朝天的黑色靴子,如空中楼阁,一叶方舟。大家不禁一阵雀跃,拍手叫绝。有人议论:一只靴子,那另一只靴子呢?靴底朝天,仙人入地了?墨子盯住靴子仔细审视:长方形,有角有棱,像摞起来的三个大箱子,又像叠垒起来的三口棺材,他下意识地扭头问相里子:"此物何意?"相里子说:"这里原本没有这些东西,是鲁班刚刚亲手所为,不知用的什么魔法,分明骂我们是行尸走肉,一堆蠢才。"墨子已发现鲁班志比天高,笑笑说:"非也!公输子是要官升三级,一步登天哪!""官升三级随心愿,一步登天上青云。"这就是宦海学子常来默默朝拜的原因所在。话说鲁班计设三道关隘,一进、一转、一上,脱身远谋高就去了,而这些都被有智有勇的墨子识破,这仅仅是在小小的淮河源头西竹园沟两人的小试锋芒,留下"剑门关""美女关""天门关"三段故事美妙景胜。

采录者:张怀发,男,61岁,鲁山县赵村乡中汤村人,本科,鲁山县文化局退休干部

采录时间:2014年5月

采录地点:鲁山县尧山镇相家沟村

(十五)"非攻"对弈

墨子在楚国都城郢,直截了当地在楚王面前战败了鲁班,不仅使鲁班耗费精力所制作的攻城器械成了一堆废品,而且更使鲁班在楚王面前丧失了尊严,受到了冷落,追求升官发财,显达于世的美梦成了泡影。

鲁班失宠,只得回归鲁阳。心中难以抹去郁闷和仇恨,便一心要找墨子算账。

墨子早有底牌,成竹在胸。水来土掩,兵来将挡嘛!论文论武,随便。

鲁班找到墨子,一不吵,二不闹,就和墨子下棋。鲁班最拿手的不仅是手工技艺,还有棋艺,这是世人皆知的。墨子研究军事韬略,攻防战术,时

称巨子，小小棋艺，当然也不在话下。鲁班摆出好多种棋法，民间的、宫廷的都有，墨子一一应对。不管是哪种棋类，其棋盘、棋子、棋规，墨子无不娴熟于心，应对自如。

鲁班突然摆出一种棋阵，让墨子吃惊不小。原来，鲁班摆的棋阵是：横五线，纵五线，左斜三线，右斜三线，如同四个米字格拼合在一起，可简记口诀为"四米下田"，各线交叉点布子儿，有25个棋位。墨子问这是下五方棋、五行棋，还是什么棋？鲁班说："棋不在名，而在实。此乃吾新创一攻城棋，今欲胜彼，以雪前时郢都之辱。今与子战，吾胜彼，君则复引荐吾于楚王，仍谋于楚王麾下；彼胜吾，吾则混迹俚巷，永不言出。"墨子笑道："然！即如君所言。"

鲁班所设这一棋局，一反常例，高深的还在后头。他把25个棋位，用1—25这样25个自然数，一数一个棋位填满，每个数的大小数值不同，表示兵力大小不同。而每纵、横、斜对角线均为五个棋位，各填五个自然数，各线五数之和均为65。

厉害！这是个从来没见过的攻城矩阵，摆成一种固定的阵势，只用变动不同的方向，总共就能有24路同样力量并且有不同前锋和排列方式的突击队攻城。鲁班见墨子沉思不语，不禁暗喜，漫不经心地说："我有点儿家务琐事儿，棋先搁这儿，三天后咱们再来会棋吧。"墨子也轻描淡写地说："兵临城下，当机立断，刻不容缓。何言三日？先了却了这玩意儿，您也好静心回去办私事儿。"

墨子根据自己守城的实践，针对鲁班的棋局，立马设计出一个相应的棋局来。墨子给出的棋盘是：先画一个米字形骨架，再从外向内，由大到小，在米字骨架上再画出四个方形口字框，正中心最小的口字留成空心，即大型米字的中心去掉一个小型米字，使棋盘如同空心蛛网状，可简记为"大米套四环，小米空中间"。各线交叉连接点形成32个棋位。再把1—32的自然数，按一定规律分别摆放在32个棋位上，使横、竖、斜及四个口字环城线路上都有八个棋位八个数，其和相等，均为132，远远大于鲁班的每路65。若以八个方向各条短线上四个数相加，其和为66，也比鲁班的一条线五数之和65大1，且可以随需要而灵活调整兵力，有几百种变化，远胜鲁班一等。

棋局摆成后，墨子也说："棋不在名，而在实。此乃吾据鲁阳关团城演

棋盘石

练守城之法而作，非愿冠以五行八卦之名以哗众视听，只为'非攻'而作，专为公输子所现棋图而来，只不过是为保城郭的一种守势。此乃随机应变之需尔，且冠以'团城棋'乃尔！"

鲁班所布阵，属方阵形式。墨子所布阵，为轮阵形式，画成四条直径和四道大小不等的同心圆环，效果一样，守方即使在八条半径上各选四个数，其和仍为66。他们将两棋阵接连在一起，一攻一守，深入切磋。守方有八个城门，按每战进攻三个城门计算，不说各路兵力的大小，就前锋一个棋子的力量大小而言，守方总能很快调理成一个城门为和棋，一个城门为胜棋，而还有一个城门仍有与攻方持平讲和的余地，且守方调兵非常灵活方便，调动局部而不会乱了全阵。

鲁班与墨子对弈多日，墨子虽屡屡稳操胜机，却总要与鲁班下个和棋，这不是轻蔑的让，而是给鲁班以施展棋术的机会。鲁班虽胜棋无望，然怒气已消散许多，无意再做政客，掺和列国争雄、官场争斗。鲁班回到平民中间，仍然过着自食其力的消停生活。墨子仍然为平民辛劳奔波，游走天下。

无私才能有为。鲁班和墨子终于成为好朋友，两人都成为中华民族引以为荣的祖师爷。

墨子鲁班各创一棋局，一攻一守，据说守者稳如泰山，输的概率很低，而攻者，要么和棋，要么越攻越输。

传为墨子鲁班所创的这个战国石刻棋阵，简称"非攻棋"，其对弈方法变幻无穷，即至今日，也极具研究价值。

采录者：张怀发，男，60岁，鲁山县赵村乡中汤村人，本科，鲁山县文化局退休干部

采录时间：2013年5月

采录地点：鲁山县赵村乡中汤村

第三节 民间歌谣 传唱墨子

数千年来，鲁山很多民间歌谣的传唱，据说都与墨子有关。诸多小儿的民间游艺，例如"争江山""星星过月""打瞎驴""列灯台""击鼓传花""丢手巾""老鹰抓小鸡""打铁舞""叨鸡""过家家""拉大锯""踢四方""圪蹬邦邦""擂金鼓、过金桥""打鼻儿根儿""砍凹屋""放风筝"等，小孩子们在游艺过程中，边舞蹈，边唱歌，他们唱的内容，不少都源于墨子。

现遴选几首与墨子关联密切的歌谣。

（一）天下污浊一扫光

坑，坑，坑衣裳，黑泥捏个墨子王。

披头发，大脸庞，橡壳眼，高鼻梁。

一身黑衣明晃晃，皂角大刀别腰上。

野鸡翎，发里藏，肩上挎个万宝囊。

一双赤脚朝前走，天下污浊一扫光。

（二）墨子坊坑染

鲁阳西边尧山下，墨子出世尧山旁。

墨母梦游灵凤坡，九月初八生凤凰。

聪明伶俐贵人相，雉鸡花翎发里藏。

从小取名小黑翟，小孩儿里头他称王。

十二岁生日犯水灾，十二岁生日犯水灾，一头扎到黑泥塘。

温泉黑水能坑布，墨子发明开染坊。
采来橡壳黄栌柴，苍是苍来黄是黄。

（三）墨子学艺

墨子学艺茅山上，深夜苦读借月光。
各种手艺都学会，赛过鲁班把祖师当。
垒堰盖屋不用说，铁匠木匠小炉匠。
七十二行小手艺，保家卫国打边墙。
齐秦楚越强如狼，外方山系在北疆。
小小鲁阳弹丸地。
山有石寨峰有岗，鲁阳关口设八方。
不打别国咱自保，"兼爱""非攻"要讲讲。
尊老爱幼墨子爷，亲疏贵贱都一样。

（四）劳动互助堂匠班

中汤有个墨子坊，从古到今美名扬。
山好水好人更好，地灵人杰是好乡。
中汤街西能坑布，名叫墨子坑衣裳。
劳动互助堂匠班，垒堰砌田人上房。
尊老爱幼墨子顺，穷富贫困都一样。
我帮你来你帮我，乡邻和睦喜洋洋。

（五）北方小国叫鲁阳

话说春秋战国楚国强，北方小国叫鲁阳。
小小鲁阳不简单，七寸土地藏虎狼。
长江淮河分水岭，外有山来系水江。
山有石寨风有挡，鲁阳关口设八方。
不打外国咱自保，墨爷保卫咱家乡。

（六）说中汤唱中汤

说中汤，唱中汤，鲁山中汤啥模样？
一条沙河通东海，双双温泉在两旁。
村村岭岭修好路，青山绿水白云翔。
家家户户好干活，十里绢花好姑娘。

姑娘河湾扯丝绵，小孩儿放牛山坡上。

春风如意墨子会，客商洛阳到南阳。

冬初红叶墨爷节，鲜花一街又两行。

（七）捶金鼓过金桥

捶金鼓，过金桥，观音老母摘仙桃。

摘一仙（桃），又一仙（桃），兄弟姊妹上南山。

南山有个墨老道，传文习武把人教。

嗵，嗵，放三炮！

（八）野鸡翎挎大刀

野鸡翎，挎大刀！谁家人马让我挑？

俺家人马叫你挑。

千年皂角树

挑谁的？挑我的！

把你带走教一教。

（九）十唱墨子

一唱墨子出鲁山，走遍天涯来劝善，

为国为民把功建呀，著书那上百篇呀，哎嗨吆，著书嘛上百篇呀。

二唱墨子兼爱篇，平等相爱无贵贱，

你帮我来我帮你呀，把别人记心间呀，哎嗨吆，把别人记心间呀。

三唱墨子亲孝篇，敬重老人理当然，

又给吃穿又给钱哪，问寒又问暖呀，哎嗨吆，问寒又问暖呀。

四唱仁爱义当先，互帮互利相支援，

义中取利古亦然呀，义利大道宽呀，哎嗨吆，义利大道宽呀。

五唱墨子非攻篇，强我国防敌外患，

友好邻邦相和睦呀，国泰民又安呀，哎嗨吆，国泰民又安呀。

六唱墨子尚贤篇，任人唯贤德为先，

良才辈出国无患呀，崇尚栋梁材呀，哎嗨吆，崇尚栋梁材呀。

七唱墨子尚同篇，国家一统天下治，

上下齐心政令通呀，团结有力量呀，哎嗨吆，团结有力量呀。

八唱染于苍则苍，染于黄来它就黄，

跟着好人学仁义呀，环境塑造人呀，哎嗨吆，环境塑造人呀。

九唱墨经是圣典，中华文明几千年，

科教兴国有渊源呀，事业大发展呀，哎嗨吆，事业大发展呀。

十唱墨子回鲁山，百工之师人敬仰，

山山水水留遗篇呀，美名万古传呀，哎嗨吆，美名万古传呀。

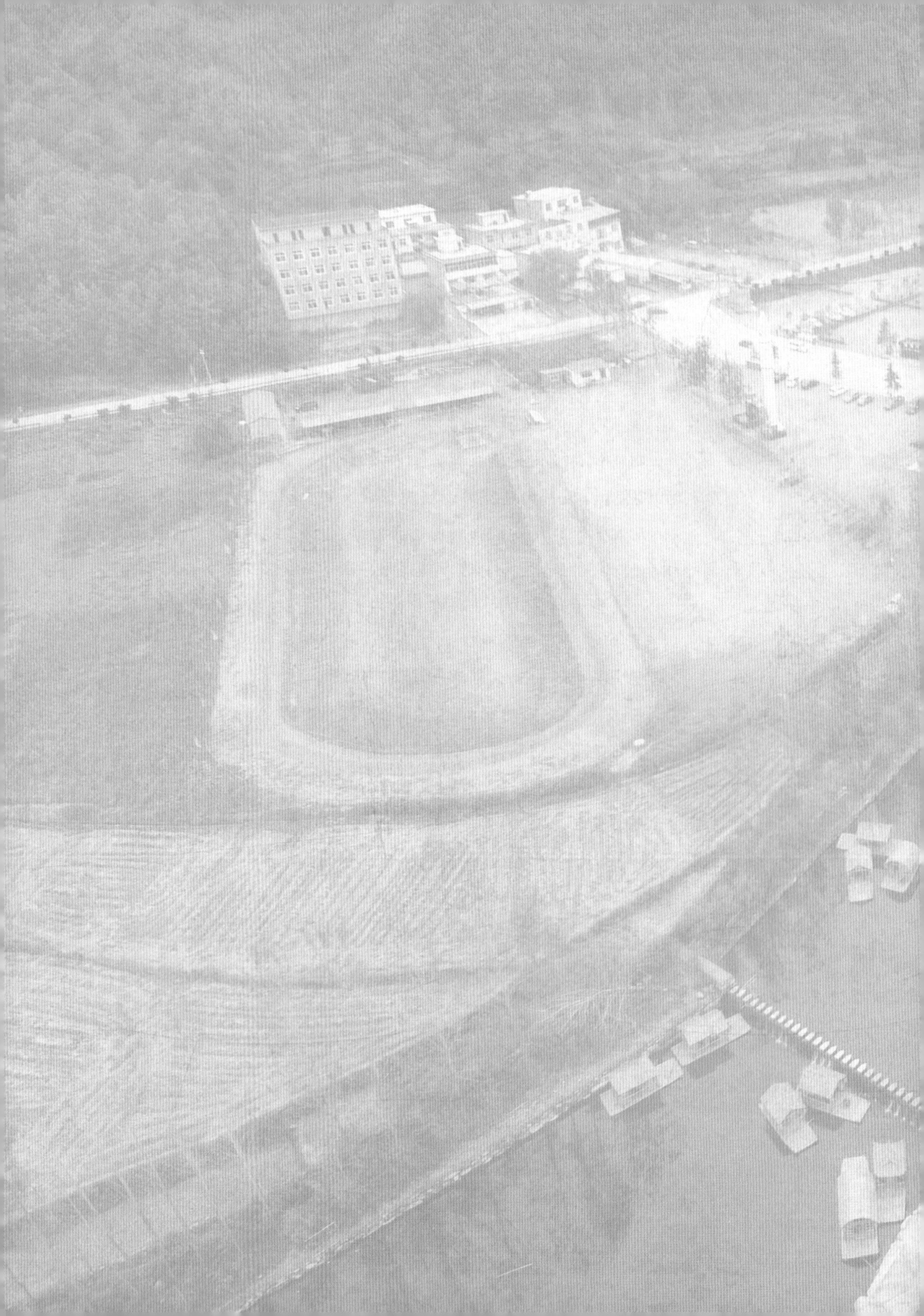

第六章 传承有序 异彩纷呈

思想深邃、宏大,内涵丰富、鲜明,跨越千年,依然闪耀智慧光芒,历久弥香,拨开历史迷雾,墨子故里悬案渐渐明晰,故里鲁阳,学术研究传承有序,艺术呈现,异彩纷呈

第一节 历久弥香 鉴往知来

（一）跨越千载 价值凸显

墨子的哲学思想，以其宏大的格局、丰富的内涵、鲜明的特色，跨越两千多年时空，依然彰显其不可磨灭的思想价值，闪耀着智慧的光芒，对当今中国乃至当今世界和平发展具有重要的理论价值。

墨家思想在中国思想发展史上占有极为重要的地位。墨家思想主张共有十项：兼爱、非攻、尚贤、尚同、节用、节葬、非乐、天志、明鬼、非命。其核心是兼爱、非攻，而尚贤、尚同、节用、节葬等在社会层面的实践，构架起这一哲学思想理论体系的基本要素。与儒家不同，墨家主要代表中下层劳动群众利益，从而以独有的学术思想与儒家相抗衡，开创了"百家争鸣"之先河，成为中国文化思想发展的重要源流。作为相对较为完整的这一哲学

墨子传经

鲁山如画

思想体系，完整、明晰地阐发了国与国、国家与人民、人与人、生产与消费等方面的和谐理想状态，不仅在当时产生了重要影响，成为显学，而且穿越千年，深刻影响着当代中国与世界，甚至对人类社会的未来，必将产生重要影响。"利天下而为之"的"节用"思想等墨家思想对于社会主义和谐社会建设，乃至对当今世界构建人类命运共同体，提供了许多颇有价值的思想启迪，是中国古代优秀思想文化奉献给当今世界的重要思索与启示。

（二）兼爱非攻 构建大同

当前，世界百年未有之大变局加速演进，世界和平发展既面临新的机遇，也存在诸多风险与挑战。坚决反对战争、反对霸权主义，才是确保人类的前途命运的根本保证。春秋战国时期，战乱频繁，兵连祸结。墨子大力提倡兼爱、非攻，坚决反对非正义战争，把恃强凌弱的攻战归结为最大的不义，并且从道德上予以谴责。其"视人之国，若视其国"的主张，为互不干涉内政、尊重国与国之间的核心利益，提供了中国智慧，同今天我们所倡导的构建和谐世界人类命运共同体有着高度的契合性。中国历来主张世界各国发展友好关系，推动建设和平稳定、共同繁荣、互利合作和开放包容的世界，这与墨子非攻思想在内涵上是一致的。吸收和借鉴墨子非攻思想的积极因素，对当今构建和谐世界具有重要的借鉴意义。

（三）崇德尚贤 重视人才

春秋时期，孔子"举贤才"为统治阶级所用。

第六章 传承有序 异彩纷呈

163

墨子文化坑染術

而墨子认为，儒家"聚贤""明贤"的主张并不是真正的尚贤使能。他出身工匠世家，因而能够以中下层人民的立场与视角，发出"尚贤"这一打破贵族统治、重建政治秩序的疾呼。而实现这一变革的重要突破口，是全社会营造崇尚具有较高品德、学识、才能，并能为社会做贡献的贤德之才。这一思想对春秋时期社会的深刻变革起到了推波助澜的作用，同时也对后世中国产生了深远的影响。

墨子"尚贤"思想对当今社会人才强国战略有着深刻的启示。当今世界的竞争，是综合国力的竞争，归根结底是人才的竞争。当代中国，从墨子"尚贤"思想中汲取丰厚滋养，人才强国战略的实施、社会主义人才导向的确立、科学的社会主义人才机制的健全，为当代中国的发展注入了强大能量。

鲁山新貌

此外，墨子尚同思想，对于当前构建社会主义和谐社会建设等都具有一定的现实积极意义；其天志思想，高度契合了构建人与自然和谐共生、共同呵护建设地球人类家园这一环境生态保护理念；节葬节用思想，在自然资源日渐枯竭的今天，意义尤为重大。他的平等思想、崇尚鬼神思想、创新思想、教育思想等，也都对当今社会建设有着重要的借鉴意义。

第二节 墨学活动 成果丰硕

（一）千年悬案 何以求解

关于墨子里籍问题，由于历代典籍记载相对匮乏，两千多年来，为学界带来了诸多困扰，墨子里籍在哪里，似乎笼罩了一层疑云。

司马迁作《史记》，在《孟子荀卿列传》末尾附载："盖墨翟宋之大夫，善守御，为节用。或曰并孔子时，或曰在其后。"只言墨翟为宋大夫，不载其里籍。东汉高诱注《吕氏春秋》中《当染》《慎大览》两篇时，谓"墨子者名翟，鲁人也"。东晋葛洪著《抱朴子》及《神仙传》，谓"墨子名翟，宋人也，仕宋为大夫"。此后，1400 年间，"鲁人""宋人"两说并存。

最早明确提出墨子为鲁山人这一命题，可以追溯到清乾隆四十八年（1783）。其时，陕西巡抚毕沅撰《墨子注序》，辩证墨子里籍时说："高诱注《吕氏春秋》以为鲁人，则是楚鲁阳，汉南阳郡属县，在鲁山之阳。本书多有鲁阳文君问答，又亟称楚四境，非鲁卫之鲁，不可不察也。"清乾隆五十五年（1790），曾任山东博山知县的中州硕儒武亿撰《跋墨子》言墨子里籍说："高诱注'墨子，名翟，鲁人也'。鲁即鲁阳，春秋时属楚。古人于地名，两字或单举一字，是其例也。"清嘉庆元年（1796），武亿总纂的《鲁山县志》刊印，在卷二十一《集传》中为墨翟立传，肯定墨翟为鲁山人；卷十六《艺文志》中首列《墨子》一书。这是我国唯一一部将墨子收录列传并书录其著作的古代地方志。毕沅、武亿为乾嘉考据学名家，言之有据。此后百年间，墨子"鲁阳说"定于一尊。

清末孙诒让著《墨子后语》，在《墨子传略》中仍存"鲁人""宋人"两说，谓"墨子名翟，姓墨氏。鲁人，或曰宋人"。但在"按语"中指出："此盖因墨子为宋大夫，遂以为宋人。以本书考之，似当以鲁人为是。"认为《墨子·贵义》篇"墨子自鲁即齐"、《鲁问篇》"越王为公尚过束车五十乘以迎子墨子于鲁"、《吕氏春秋·爱类》篇"公输为云梯欲以攻宋，墨子闻之，自鲁往"、《淮南子·修务训》"自鲁趋而往"是墨子为鲁人之确证。孙氏所列证据对肯定"鲁人说"否定"宋人说"是很有说服力的。不过孙氏所说"鲁人"是指鲁国人。他在"按语"中接着说："毕沅、武亿以鲁为鲁阳，则是楚邑。考古书无言墨子为楚人者。《渚宫旧事》载鲁阳文君说楚惠王曰'墨子，北方贤圣人'，则非楚人明矣。毕、武说殊谬。"孙氏墨子"鲁国说"一出，影响颇大，百年来，论墨子者，多从之。

（二）东鲁学者　支持西鲁

新中国成立以后很长一段时期，墨子里籍问题并未得到学界重视，鲜见有相关研究文章。

改革开放以后，各地发展经济，各地出现争抢历史名人现象，不少历史名人成了香饽饽，墨子里籍先后出现宋国说、曲阜说、鲁山说、滕州说等多种说法。当代最先提出墨子里籍在鲁山的反倒是山东著名学者刘蔚华。1982年8月第4期《中州学刊》刊载曲阜师范大学历史学教授刘蔚华的文章《墨子是河南人——兼论东鲁和西鲁的关系》，论证墨子里籍在西鲁即楚国鲁阳邑，即今河南鲁山。该文刊登前曾经北京大学教授冯友兰先生审稿，受到冯老的肯定。

刘蔚华的文章被鲁山籍学者注意，但依然没能引起学界高度重视。

（三）里籍研究　成果丰硕

自20世纪80年代末期至21世纪初，鲁山籍学者郭成智、陈金展、郑建培，平顶山市学者杨晓宇等先后开始进行墨子研究，逐步形成了由省、市、县以及省社科院研究家萧鲁阳，市历史学家潘民中，县地方研究专家郭成智、张

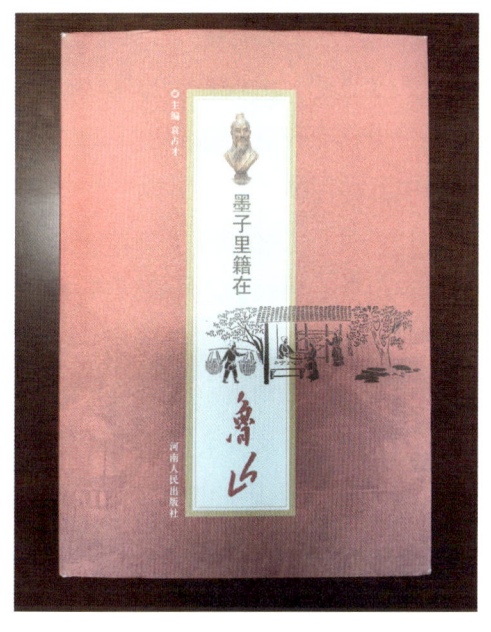

墨子相关出版资料

第六章 传承有序 异彩纷呈

167

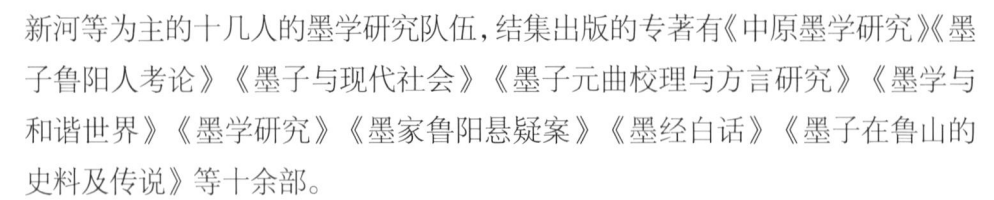

新河等为主的十几人的墨学研究队伍，结集出版的专著有《中原墨学研究》《墨子鲁阳人考论》《墨子与现代社会》《墨子元曲校理与方言研究》《墨学与和谐世界》《墨学研究》《墨家鲁阳悬疑案》《墨经白话》《墨子在鲁山的史料及传说》等十余部。

其间，关于墨学及墨子里籍的论文百余篇，在全国各地学术刊物发表。颇具影响力的当数鲁山县地方史志专家郭成智。十数年间，他致力于墨子研究，笔耕不辍，先后撰写《墨子故里考辨》《墨子故里滕州说质疑》《再论墨子是鲁山人——答张振衡、徐治邦先生》《墨子鲁山人十二证》《〈墨子〉中的鲁山地区方言》等理论文章，分别编入河南人民出版社《河南史志论丛》《中州学刊》《史学月刊》《学习论坛》《中州今古》等。

另一墨子研究专家则当数潘民中。他先后在《平顶山日报》《求索》《平顶山师专学报》发表《墨子里籍争未休》《墨子里籍"滕州说"质疑》《墨子里籍鲁阳说考辨》《墨子里籍姓氏考辨》《叶公、鲁阳公、墨子关系论略》《"尧舜禹汤文武之道"与墨子的"尚贤"思想》等。《鲁山为夏人居地考》一文，从历史地理学、族源学和地名学等角度，考证鲁山为夏人居住地，从而揭示墨子创立崇尚夏礼的墨学文化土壤。

杨晓宇先后在《学术论坛》《求索》发表《墨子美学思想浅探》《"儒墨同源"与"法夏绌周"考辨兼论墨子里籍问题》，对墨子的行为美学思想、经济美学思想、伦理美学思想、社会美学思想进行了论述，从文化渊源上论证墨子里籍应在楚国鲁阳邑。2005 年 7 月，桑金科主编的《河南历代名人》一书由五洲传播出版社出版。该书收录杨晓宇撰写的《墨子传略》。

1997 年，由潘民中、杨晓宇合著的《平顶山名胜古迹》出版，详尽地考察了鲁山县墨子故里之所在，并将之列为平顶山境域十二大名人故址之一。

张怀发先后发表《墨庙与"镢头班会"》，叙述其实地考察鲁山墨子遗迹墨庙村的详细情况。《墨子——中国古代的坑染之师》，介绍其对鲁山中汤一带祭祀墨子及坑染遗俗的考察情况。

墨子里籍鲁山说也逐渐得到省内外相关专家学者高度重视。他们纷纷开展研究，取得显著成果。

幸运的是，墨子里籍鲁山说也获得了考古佐证。1993 年夏，黑隐寺村民张国、王国全等在黑隐寺山坡上挖矿石，竟挖出一个洞。县文管办对洞穴进行考古发掘，出土人骨、铁剑及陶器等。墨子"土掉沟"化"墨"为"黑"，于黑隐寺隐居。也有一说，"黑隐寺"者，实为"黑隐士"之谐音。在黑隐寺附近发现有春秋时期人类生活遗迹的洞穴，难道只是一种偶然的巧合？冥冥之中，历史以考古发掘的形式，为墨子鲁山人说提供了实物证据。

相关研究情况也得到了官方重视。1992年6月上旬，新华社高级记者万福元在鲁山采访，认为墨子里籍"鲁山说"证据坚实有力，撰写电讯稿《墨子里籍在鲁山》，发表于《平顶山日报》。1993年4月10日，河南省《政府工作快报》（第151号）以"鲁山县志办公室考证墨子为鲁山人"为题，向省委、省政府主要领导、各省辖市政府、地区行政公署、省直各部门、各县新闻单位通报这一重大研究成果。1994年10月，河南人民出版社出版发行《平顶山市志》，在"古代人物传略"中列《墨翟》，称其为"鲁人（或曰宋人），相传曾为'宋之大夫'，后又长期居鲁。鲁即鲁阳，春秋时属楚"。

2007年9月，平顶山市炎黄文化研究会历时两年所开展的评定"鹰城十大历史名人"课题完成。将评出的"鹰城十大历史名人"名单报请中共平顶山市委、市政府同意，向社会公布，并编辑《鹰城十大历史名人》一书。2008年8月5日，召开新闻发布会。墨子居"鹰城十大历史名人"第二位。

（四）机构助力 推动研究

学者的研究，推动了相关研究机构的建立。而随着河南省墨子学会等专业机构的建立，墨子里籍问题的研究也被进一步推动了。

墨子学会的成立，河南省社科院研究员萧鲁阳功不可没。1996年5月2日，他发起筹备河南省墨子学会。经过一年多的紧张筹备，翌年10月11日，河南省墨子学会成立。当天，全国墨子里籍研讨会暨河南省墨子学会成立大会在石人山风景名胜区尧山宾馆召开。会议收到河南省社会科学院图书馆馆长、研究员萧鲁阳的《关于墨子里籍的几个问题》等关于墨子里籍和墨学研究的论文26篇。1997年11月11日，《光明日报·史林》专栏发表鲁山《全国墨子研讨会综述》的评述文章，文章肯定墨子故里鲁山，即春秋战国时楚之鲁阳。

高等院校等专业力量也参与其中。1992年6月24日、25日，平顶山市社科联在鲁山召开墨子故里遗迹和口碑材料座谈会。2011年7月7日上午，

鲁山县墨子文化研究中心揭牌

依托中国先秦史研究会、河南墨子学会、平顶山历史文化研究中心和伏牛山文化圈研究中心，整合校内资源，平顶山学院"墨子学院"正式揭牌成立。

中国民间文化之乡，由中国民间文艺家协会主管命名，多年来在发展民间文化方面成就斐然，发挥了重要作用。2011年，鲁山县墨子文化研究中心成立。2012年3月，鲁山县成立"中国墨子文化之乡"申报工作领导组；5月，全面启动"中国墨子文化之乡"申报工作，举办墨子文化进校园、墨绿韵文艺演出、拍摄专题片、制作申报书，接待省、国家级专家考察等。2013年，中国民间艺术家协会下文批复，命名鲁山县为中国墨子文化之乡，并在鲁山建立中国墨子文化研究中心。墨子文化数据库工程，由文化部立项，河南省、平顶山市图书馆联合承建。2015年7月22日，"中国墨子文化研究多媒体数据库"建设论证会举行。经过严格论证，墨子文化数据库落户鲁山。2016年12月，中国食文化研究会墨子文化委员会，获准在河南省平顶山市成立。

（五）系列活动 次第开展

2003年12月21日上午，河南省墨子学会换届会议暨河南省社会科学院墨学研究中心揭牌仪式在河南省社会科学院隆重举行，来自省内外40多位专家学者参加了会议。

2004年8月31日至9月2日，由河南省社会科学院、河南省墨子学会主办，鲁山县人民政府承办的"墨学与现代社会国际学术研讨会"在墨子故里河南省平顶山市鲁山县举行。国内外70多名专家学者参加了此次会议。与会专家学者共提交学术论文50余篇。会议围绕科学逻辑、文化政治和墨子里籍生平三个主题，对墨学的政治思想、科学思想、经济思想、伦理思想、教育思想、管理思想、逻辑学思想、符号学思想、语用学思想、环境思想以及墨子故里相关问题进行了研讨。

2008年7月1日，全国炎黄文化研究副会长鲁淳、曲忠一行人莅临考察鲁山墨子文化，并召开座谈会。

2008年11月21—23日，由河南省墨子学会、河南省中原文化研究会主办，中共鲁山县委宣传部承办的"墨学与和谐世界"国际学术研讨会在墨子故里鲁山县召开60多位专家、学者以"墨学与和谐世界"为主题，进行了7场专题研讨。研讨会共收到论文、专著53篇（部），集中展现了专家、学者近年

第四届墨子研讨会

全国墨子里籍研讨会

墨学现代社会研讨会

墨学与和谐世界研讨会

来研究的新成果、新发现，有力推动了墨学文化的交流和发展。2009年9月，该次研讨会论文集《墨子与和谐世界》由河南人民出版社出版发行。

2009年12月4日，召开"墨子故里——河南鲁山墨子文化高层论坛"，围绕墨子文化研究的历史、现状及发展进行了深刻全面的论述。

2011年3月10日，由平顶山市政协主办，民盟平顶山市委、平顶山学院伏牛山文化圈研究中心承办的"鲁班故里与鲁班文化研讨会"在平顶山市召开。以文献记载为据认定鲁班与墨子同为楚国鲁阳邑人。

2011年9月3日，由内蒙古《职大学报》主办、包头职业技术学院承办的"2011年墨学国际研讨会"在内蒙古包头市隆重召开。来自海内外的60余位专家参会。

2012年4月21日,"第四届国际墨子学术研讨会"由中国社会科学院中国先秦史学会主办,鲁山县委、鲁山县人民政府承办,主题是"墨学与华夏历史文明传承创新区建设"。来自国内外50多名专家和学者参会,提交40多篇论文,就墨学的当代价值观等分别进行了探讨。

2012年6月1日,中共鲁山县委宣传部、鲁山县文联在鲁山县第三高级中学举办"墨子文化进校园活动"。2012年6月15日晚,举行"墨乡灵韵"文艺演出。

2014年11月25日,由中国墨子文化研究中心、河南省民间文艺家协会、平顶山学院伏牛山文化圈研究中心、政协鲁山县委员会、中共鲁山县委宣传部联合主办的"2014年中国墨子文化发展论坛",以"墨子文化的宣传、挖掘、弘扬""墨子文化的有形化建设""鲁山墨子资源的开发利用"为主题进行了深入研讨交流。

2016年9月29日,墨子文化与旅游文化深度融合座谈会举办。

民间传说,农历九月初八是墨子诞辰。鲁山县连续多年举办纪念墨子诞

2008年墨子研讨会　　　　墨子故里高层论坛

墨子像揭幕　　　　鲁山一中墨子学会揭牌

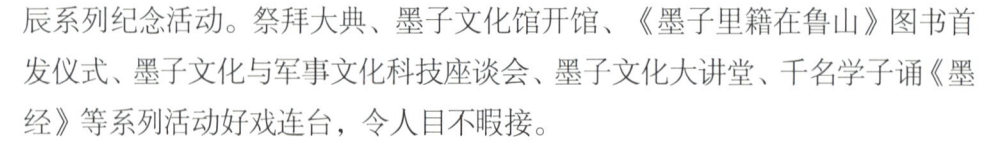

辰系列纪念活动。祭拜大典、墨子文化馆开馆、《墨子里籍在鲁山》图书首发仪式、墨子文化与军事文化科技座谈会、墨子文化大讲堂、千名学子诵《墨经》等系列活动好戏连台，令人目不暇接。

相传，中汤村为墨子外婆家。2018年，中汤村建成墨子像，并立碑以记。

多年来，海内外诸多专家学者，致力于墨子里籍研究，抽丝剥茧，潜心求证，一层一层拨开迷雾，以大量研究成果，揭示了墨子里籍在鲁山这一无可辩驳的事实。墨子里籍鲁山说成为主流共识。2009年，中国民间文艺家协会授予河南省鲁山县为中国墨子文化之乡，并在鲁山建立中国墨子文化研究中心。

（六）有形建设 扎实开展

1993年5月，鲁山将县城内新建成的商场命名为墨子商城。商城内建造了墨子雕像。

2000年11月11日，《中国古代思想家——墨子》邮票首发仪式在鲁山县邮政局隆重举行。

《墨子》电影主创人员合影

墨子号墨子卫星发射火箭

　　2008年6月24日，投资200万元的数字电影《墨子》在尧山开机。2010年5月29日，数字电影《墨子》首映式暨新闻发布会在河南省奥斯卡电影大世界举行。本片由著名导演贾钢、编剧樊城共同创作，张立、王志刚、钱卫东等著名演员倾情演出。影片以墨子止楚伐宋为背景，通过生动的故事和复杂的情感纠葛，展示墨子生平的主要事迹和兼爱、非攻，平民思想的形成、发展脉络及对当时历史进程产生的巨大影响。

　　2008年8月28日，"墨子故里"碑揭幕仪式在鲁山县尧山镇二郎庙村举行。"墨子故里"碑系汉白玉雕刻，重达11吨，碑身高3米、宽1.2米，正面为"墨子故里"4个大字，背面系鲁山县人民政府立的碑文，碑座高1米，宽1.6米，周围刻有墨子著名的"兼爱、非攻、尚贤、尚同、节用、贵义"等政治主张。碑帽系龙凤图案。

　　2011年12月，央视4套"走遍中国"来鲁拍摄专题《墨子与鲁班》专题片，最终定名为《棋盘迷局》，于2013年9月30日播出。

2016年8月16日，由我国科学家自主研制的世界首颗量子科学实验卫星"墨子号"在酒泉卫星发射中心成功发射。作为"中国墨子文化之乡"，鲁山县委、县政府和设在鲁山的中国墨子文化研究中心随后向中科院新闻传播局、酒泉卫星发射中心发出祝贺函，并收到酒泉卫星发射中心的复函。鲁山县政协连续3次组织政协委员、墨子文化研究专家学者、文化科技工作者等，围绕进一步传承弘扬墨子文化，增强文化自信、科技自信进行座谈，建议以"墨子号"成功发射为契机，在全县开展"一讲、五进、一活动"，即在电视台开办《墨子文化大讲堂》，推动墨子文化进校园、机关、企业、景区、农村，开展弘扬墨子文化、学习航天精神活动。为纪念"墨子号"量子科学实验卫星成功发射，中国墨子文化旅游区在景区大门口竖立了卫星及发射火箭模型。

继中国墨子文化旅游区建成对外开放之后，2017年，墨子岭风景旅游区建成。该项目由鲁山县尧山镇尧山村村民自发投资580万元兴建。5月1日，对外试开放，获得广泛好评。但因后续资金不足等多种问题，终止对外开放。

（七）传承守望 享此殊荣

千人颂墨经

最美墨子文化传承守望者合影

2020年，中国民间文艺家协会、中国墨子文化研究中心等开展最美墨子文化传承守望者评选活动。10月24日，全国最美墨子文化传承守望者揭晓。朱传棨、郭成智、孙中原、李成才等海峡两岸19位当代墨学人物，被授予最美墨子文化传承守望者。最美墨子文化传承守望者证书颁发，人民网、新浪网、国际在线、大河网等国内50余家主流媒体全程报道，凤凰网、直播鲁山等平台当天访问量百余万次。活动由中国民间文艺家协会、中国墨子文化研究中心、河南省文学艺术界联合会、河南省民间文艺家协会、河南省社会科学界联合会、鲁山县文学艺术界联合会主办。

中国墨子学会副会长孙中原发来贺信：

中国民间文艺家协会，河南省民间文艺家协会，中国墨子文化研究中心，中共平顶山市委宣传部，中共鲁山县委、县政府，鲁山县政协，中共鲁山县委宣传部，鲁山县文学艺术界联合会诸同人，各位乡亲，墨学同道：伟宁主席，嘱我赋诗一首，敬献大会诸君，兹不揣浅陋，吟诵数语，特表敬意，与诸君共勉。

墨子是劳动者的圣人，墨家是劳动者的学派，墨学是劳动者的学说。古今中外，空前绝后，唯墨者堪当此誉。

墨子鲁阳早结缘，河南鲁山墨圣居。
楚国墨者著大取，逻辑伦理探真谛。
如今家乡出墨者，最美守望创奇迹。
喜迎墨学重奋起，遥看大地披新绿。
墨学逢时得传承，振兴中华有底气。
墨学普遍得弘扬，民族复兴添助力！

河南子弟孙中原（83岁）
2020年10月22日于中国人民大学

入选名单于2020年10月24日河南鲁山举办墨学国际论坛开幕式上揭晓。活动组委会为获得最美墨子文化传承守望者的19位专家和地方历史文化学者撰写了颁奖词：

您身穿墨家的布衣草履，从豫西鲁山墨子故里出发，与平民圣人一起行走。日复一日，风雨兼程，撷一缕岁月的光芒，穿越千年沧桑，以坚韧的毅力和执着的信仰，把一阕坚守的责任与奉献留给自己，把另一阕华美的颂词丰盈传世的乐章。研究、传承、守望，用辛勤的汗水洗涤岁月的静好，用墨子大爱无垠的精神，点亮科学人文的火光。您剪去名利勋章的星辉，照耀梦想与希冀，用务实的言行，撑起中华民族的脊梁，把"兼爱"的种子与人类命运共同体的理念播撒华夏神州，把"非攻"和平的理想世界传扬。向您致敬！

入选名单如下：

朱传棨（1928— ），男，山东滕州人。武汉大学哲学学院教授，已离休。中国墨子学会顾问。1990年开始研究墨学以来，发表研究墨学论文近30篇。著有《墨家思想研究论稿》。多次出席国际墨学研讨会。

郭成智（1935— ），男，河南鲁山人，河南省墨子学会理事，《鲁山县志》原副主编。著有论文辑为《墨子鲁阳人考论》，论文《墨翟故里考辨》《墨子里籍滕州说质疑》《墨子中的鲁山地区方言》《墨子姓氏、先祖考略》。被誉为"中国墨子里籍研究第一人"。

孙中原（1938— ），男，河南郑州人。中国人民大学哲学院教授，博士生导师，中国墨子学会副会长，燕山大学、贵州民族大学与中国台湾东吴大学客座教授，兼职教授，中国逻辑学会原副会长，河南省墨子学会名誉会长。1956—1964年，先后在中国人民大学、中共中央直属高级党校与中国科学院哲学研究所，攻读墨学。1960—2020年，出版墨学相关著作70余种。

李成才（1939— ），男，汉族，河南鲁山人。鲁山县第九届政协委员，中国民间文艺家协会会员，河南省非物质文化遗产"墨子传说"传承人，平顶山市"鹰城好人""乡贤模范"。河南省社会文化联合会大型彩版论著《厚重河南》一书常务理事。被中国人民政治协商会议鲁山县委员会评为"十佳"政协委员。义务举办墨子纪念活动，举办祭墨典礼仪式。出资十数万元，复修维护墨子坊，收集整理墨子文化民谣百余首。

张新河（1941— ），男，河南鲁山人。曾供职鲁山县人民政府办公室、河南省石人山风景名胜区管理处等单位。19年来，撰写墨子研究论文22篇，收入张新河、张九顺著《墨家鲁阳悬疑案》18篇。

潘民中（1949— ），男，河南鲁山人。河南省墨子学会副会长、平顶山市历史文化研究中心教授。发表墨学研究论著十余种。

孙长祥（1952— ），男，汉族，台湾宜兰人。1985年中国文化大学哲学研究所博士，台湾元智大学通识教学部兼任教授。学术专长墨学与国学，主讲墨家哲学和墨学专题。专著《思维·语言·行动：现代学术视野中的墨辩》，论文五十余篇。

张怀发（1952— ），男，河南鲁山人。中文本科学历，文博馆员职称，中共党员。社会兼职有河南墨子研究会理事，鲁山县文化保护管理所原所长。在调查全县历史文物遗迹的同时，从事墨子文化遗迹、民间传说、墨子纪念活动的调查研究和保护工作，论文发表十余万字。

赵保佑（1955— ），男，河南荥阳人。河南省社会科学院原副院长、河南省墨子学会会长、墨学研究中心主任。发表墨学论文多篇。主编《墨学与现代社会》《墨学与和谐世界》。

李贤中（1957— ），男，台湾基隆人。台湾大学哲学系教授兼文学院副院长。曾任辅仁大学公共关系室主任、中西文化研究中心主任、东吴大学哲学系教授、大连理工大学特聘海天学者、台湾大学哲学系主任、台湾哲学会副会长、中国哲学会理事长。专长墨家哲学、中国哲学方法论、先秦名辩学、中国逻辑和认识论、墨学论著数十种。

吴进安（1957— ），男，汉族，台湾云林人。云林科技大学汉学应用研究所教授。1991年中国文化大学哲学研究所博士。2020年任中国哲学会理事长（任期至2023年）。曾任教辅仁大学哲学系(1987—1993)，主讲墨家哲学课程。著《孔子之仁与墨子兼爱比较研究》《墨子政治哲学》《墨家哲学》《儒墨比较哲学》，论文数十篇。

萧宏恩（1961— ），男，湖北荆门人，生于台湾新竹，台湾中山医学大学通识教育中心教授。2002年由李贤中教授引导，专注墨学研究，创造性地把墨学引入医学人文的教学与研究，发表论文30余篇。

高秀昌（1962— ），男，河南邓州人。武汉大学哲学学士（1986年），南开大学哲学博士（2003年）。西南大学哲学系教授，博士生导师。参与组建河南省墨子学会（1997年）、河南省墨子研究中心（2003年）。长期致力传播墨子文化精神，与海内外墨学团体联系，筹办多次国际墨学研讨会，出版著作1部，编辑出版墨学论文集2部，发表论文多篇。

孙君恒（1963— ），男，河南邓州人。武汉科技大学国学研究中心主任，教授，北大博士、武大硕士、山大学士，中国墨子学会常务理事，中国河洛文化研究会理事，中华孔子学会理事，武汉岳飞文化研究会副会长，湖北炎黄文化研究会儒学分会副会长兼秘书长等。30年专攻墨学。2020年被评为中国哲学社会科学最有影响力的学者之一(伦理学)。专著《墨子伦理思想研究》，承担国家社会科学基金项目（2013年）："先秦七子君子观研究（含墨子）"。教育部社科项目（2011年）："墨子伦理的当代审视"。发表墨学论文52篇。

徐希燕（1963— ），男，江苏南通人。复旦大学哲学博士，复旦大学管理学院应用经济学博士后，宝钢集团博士后，2001年被复旦大学评为副教授，2002年到中国社会科学院工作，副研究员，研究生导师，主要从事发展战略与规划研究。出版专著《墨学研究》、主编著作《海上丝绸之路战略研究》等约十部。

杨武金（1964— ），男，侗族，贵州天柱人。中国人民大学中华经典研究中心研究员、哲学院教授，博士生导师。兼中国墨子学会副会长、北京市逻辑学会副会长、中国逻辑学会常务理事，《职大学报》"墨学研究"专栏主持人。

邱建硕（1968— ），男，台湾台中市人。台湾辅仁大学哲学系主任，副教授，《哲学与文化》月刊副主编，中国哲学会秘书长。专精墨家逻辑。与李贤中教授共同主编《哲学与文化》2003年12月第12期"中国逻辑"专题，与中国人民大学杨武金教授共同主编2010年8月第8期"中西逻辑比较研究专题"。论文数十篇。

黄蕉风（1988— ），男，福建厦门人。北京师范大学—香港浸会大学联合国际学院（北师港浸大）中国语言文化中心助理教授，中华文化传播研究院助理处长。博士论文《墨学之谓教——墨家宗教性阐微》。长期在一线推动墨学复兴。专著《草鞋十字架——墨家基督徒的神思冥想》。主编出版墨学书系"墨教文丛"《非儒——该中国墨学登场了》《立墨——〈墨子〉经义释诂》《归正墨学》。

崔壬杰（1991— ），男，甘肃武都人。曾供职于武都区第一人民医院医生，武都区文旅局科员，北京某文化传媒公司副总。以当代墨学文化团体为依托，团结各地社会人士开展墨学文化交流数十次，组织参与公益服务活动数十次，创建墨学学院、当代墨学院、当代墨学院交流群、墨家知行社、墨学文化复兴联合会等学习交流群。

第三节 墨子文化 文艺呈现

（一）墨子生平 光影叙事

数字电影《墨子》，由河南影视集团、大象影视制片有限公司出品。片长1小时35分钟，2D彩色版，导演贾钢，编剧樊城，主要演员张立、王志刚、钱卫东、董晴。

《墨子》是以庄子、钟繇、吴道子、李商隐等照亮中华民族文明征程的人物为叙事对象的历史名人系列数字电影工程，《华夏名人志》的第一部，拍摄目的在于检索历史，寻找历史文化名人不灭的精神品格，传承中华民族独特而永恒的人文基因。

剧情：宋国的公子特弑杀太子，自立为宋君，太子太保鲁直救出太子之女，逃到鲁阳石人山隐居，并向公输班和墨翟传授剑术、攻防术。太子之女改名鲁阳燕，渐渐长大，对墨翟滋长情愫，不幸被宋公特派出的子罕掳走。公输班和墨翟随之来到宋国，并在如何对待师父之仇、师妹之情上发生严重分歧，公输班坚决要报师仇、救师妹，墨翟则看到宋国万千民众在受苦受难，决定帮助宋公特废苛税，行仁政，公输班怒而与墨翟绝交，远赴楚国，向楚王献上云梯，说动楚王伐宋。此时，子罕发现墨翟是鲁直弟子，说动宋公特把墨翟投入监狱，并拟处以极刑，鲁阳燕为搭救墨翟，答应委身宋公特。墨翟出狱后，听说楚国即将伐宋，给弟子禽滑厘做了一番防卫安排，立刻动身徒步奔赴楚国郢都。在郢都，墨翟在楚王面前和公输班演示了一场攻防大战。楚王眼见墨翟获胜，便把他抓起来，准备伐宋大军出发时杀之祭旗。临刑前，楚将军报告说，宋国联合齐秦等诸侯国，准备乘楚伐宋时进攻楚国，楚王大惊释放墨翟，并准备杀公输班以释各国之疑。墨翟向楚王讲述了"欲人不攻己，必先己不攻人"的"非攻"道理，救出公输班，一同逃出楚国。鲁阳燕委身宋公其实是寻机报仇，结果报仇不成反被杀死。墨翟回到宋国，见到小师妹的人头悬挂到宋宫墙上，大雨滂沱、天地皆黑，心灵感受到强烈的震撼……

电视剧本创作方面，郭成智担纲创作了长篇电视连续剧《墨子》，共 31 集。受资金等因素制约，没有投入拍摄。

（二）剪纸撕纸 美术书法

"中原神剪"李福才剪纸作品多涉农事、民间习俗、地域风情。凡神话传说、戏曲掌故、自然万物、百态人生，皆成竹在胸；说景出题，挥剪而就；构思妙巧，内蕴丰厚；淳朴自然，稚拙率意；构图饱满，虚实映衬；浪漫夸张，形神兼备。所剪《百鸟朝凤》《老鼠嫁妮》《十二生肖》《男耕女织》等屡获国家级奖项，事迹被中央电视台《神州风采》和《世界日报》等中外媒体报道。生前系中国民间文艺家协会会员、省非物质文化遗产代表性传承人，有"豫西神剪"之誉。李福才以墨子为题材，创作有剪纸作品。陈子豪为河南省非物质文化遗产传承人。他是撕纸艺术大师，剪纸代表作品有《清明上河图》《百米奥运》《老鼠娶亲》等，被艺术界誉为"中华手撕纸一绝"。

陈子豪以墨子为题材，创作有剪纸和撕纸作品。

美术、书法，也对墨子文化给予关注，连年来创作大量有关墨子文化作品。

（三）墨子事迹 曲艺表现

河南坠子俗称"说书""坠子书""简板书"，源于河南。以说唱为主，表演为辅，以声传情，讲到为止。是由流行在河南与安徽的道情、莺歌儿柳结合形成的大众曲艺形式，有一百多年的历史。伴奏一般是一把主弦——坠胡。其从酝酿到形成，一直在民间流传，保持着朴素的乡土风味和浓厚的生活气息。市级传承人乔双锁不仅晓通古书演唱，且能经常自编自导演出新剧目，形成了自己独特的唱腔风格，获得马街书会状元，十多部大书被音像社制作成唱片光碟发行，曾获国家群星奖、河南（信阳）非物质文化遗产展演表演类金奖、全国首届河南坠子大赛一等奖。乔双锁表演河南坠子《止楚攻宋》，深受大家喜爱和好评。

附：

止楚攻宋（河南坠子）
鲁道创作，乔双锁演唱

唱的是公元前四百多年，诸侯国多混战四起狼烟。
秦攻魏赵伐韩刀飞枪舞，鲁掠齐蔡侵燕枪冷戟寒。
你抢我我夺你天下大乱，出了个思想家居住鲁山。
他的名叫墨翟布衣圣人，倡非攻盼和谐兼爱尚贤。
这一天墨翟他外出游说，闻楚国欲攻宋再起战端。
听此信如同是五雷轰顶，忧天下悯黎民心如箭穿。
连年来多争战遍酿祸患，血流河尸如山民陷深渊。
因战争地荒芜五谷俱欠，因战争山河碎树断枝残，
因战争断炊烟饿殍遍野，因战争民服役命丧黄泉。
熄烽火免征战是我夙愿，战火起我怎能袖手旁观。
我不能让山河再受创伤，我不能让黎民再遭劫难。
我定要让楚国停戈罢战，说楚王熄烽火刻不容缓。

想到此离鲁阳没敢怠慢，越峻岭涉险水徒步十天。
到楚都郢城把楚王朝见，用巧计说楚王巧述妙谈。
有一人富抵国家产亿万，吃不愁穿不忧坐享清闲。
可是他有彩车坐不习惯，却想去偷穷邻破车乘玩。
穿绫罗着锦袍心不如愿，却想偷穷邻家破衣去穿。
食山珍用佳肴嫌味乏淡，却想偷穷邻家糠粥菜团。
这个人他到底居心何在，想不通弄不明理解费难。
墨翟我人愚钝才疏学浅，望大王解迷津破解疑团。
那楚王听此言哈哈大笑，不斟酌未思考随口答言。
我看他八成是神经错乱，或者是二百五少心无肝，
再不然他患有偷窃之症，不偷人就手痒心不舒坦。
富偷穷悖常理不义之为，富偷穷失人情良心丧完。
墨公他闻此言心中暗想，暗思想细琢磨考虑再三。
用实事作比较促他醒悟，定让他心悦服不得反弹。
你楚国居长江固守汉水，米粮足鱼鸭肥遍布林园。
地域广山水美富甲一方，鸟儿飞兽儿跑马叫牛欢。
那宋国土地瘠百苗不长，地域狭山水短小如弹丸。
国银匮民粮乏一贫如洗，水缺鱼山少兽荒凉凄然。
你楚国就像那有钱富户，那宋国则像那穷汉贫寒。
倘若是大王你兴师攻宋，与富人偷穷人没有二般。
虽说你国强盛侵弱失道，理不正行不端取胜艰难。
楚王他性狂傲不可一世，话出唇语强硬骄横野蛮。
我楚国早已经充分备战，战车多兵将勇强盛空前。
鲁班他又造成攻城云梯，马脱缰虎添翼取胜何难。
攻宋国就如同探囊取物，灭宋国更似那以石击卵。
墨公他听此言勃然大怒，尊大王休夸口少冒狼烟。
你可敢把鲁班宣到此处，我与他把战事当面论谈。
咱二人立契约打赌击掌，让鲁班攻城池我来守关。
输与赢胜与负你作裁判，是出兵或罢战再作定盘。
鲁班胜楚国就起兵攻宋，我若胜你就得马放南山。

楚王他连点首就依你见，传圣谕差令人宣来鲁班。
墨公他解腰带围城一座，用柴棍作兵器把城守严。
施一礼说声请你且出战，鲁班他欲逞能一马当先。
鲁班他攻南门兵器折损，鲁班他攻北门将被打翻。
鲁班他攻东门阵乱兵败，鲁班他攻西门又被阻拦。
鲁班他急遣将九战九败，墨翟他稳用兵九克"敌"顽。
鲁班他为攻城机关用尽，墨翟的守城策绰绰未完。
鲁班他连败北恼羞成怒，怒气冲对墨翟口出狂言。
现如今我已有破你之法，快受降免得你狼狈不堪。
墨公他听之后哈哈大笑，败军将言胜策大言不惭。
这一手早已在我之所算，唯小人施此术不觉汗颜。
楚王他只听得一头雾水，听不懂弄不明口出责言。
您两个别在这光打哑谜，耍嘴皮卖关子让人心烦。
墨公他头高昂不屑一顾，意刚烈志坚定语重如铅。
他本想杀了我就能取胜，其实他打错了如意算盘。
我墨某一草民死不足道，头割下无非是碗大疤斑。
要知道我还有三百弟子，你楚国不可能斩尽杀完。
他们都怀正义忠肝烈胆，与宋国共存亡团结如磐。
一个个读圣书足智多谋，能调兵善征战骁勇非凡，
读孙武研兵策神机妙算，用机关效姜尚布阵熟娴。
现如今集宋国严阵以待，持兵刃卫宋城戒备森严。
单等着侵略军兵临城下，定以他全军覆无一生还。
楚王他听此言再三思量，墨翟的这番话并非虚言。
早耳闻那宋国举国备战，强出兵想取胜少易多难。
无胜算就不能盲目蛮干，一招错就可能输掉全盘。
想到此传圣谕收回成命，楚与宋免去了一场灾难。
墨公他救百姓止楚攻宋，载史册留美名千古流传。

第六章 传承有序 异彩纷呈

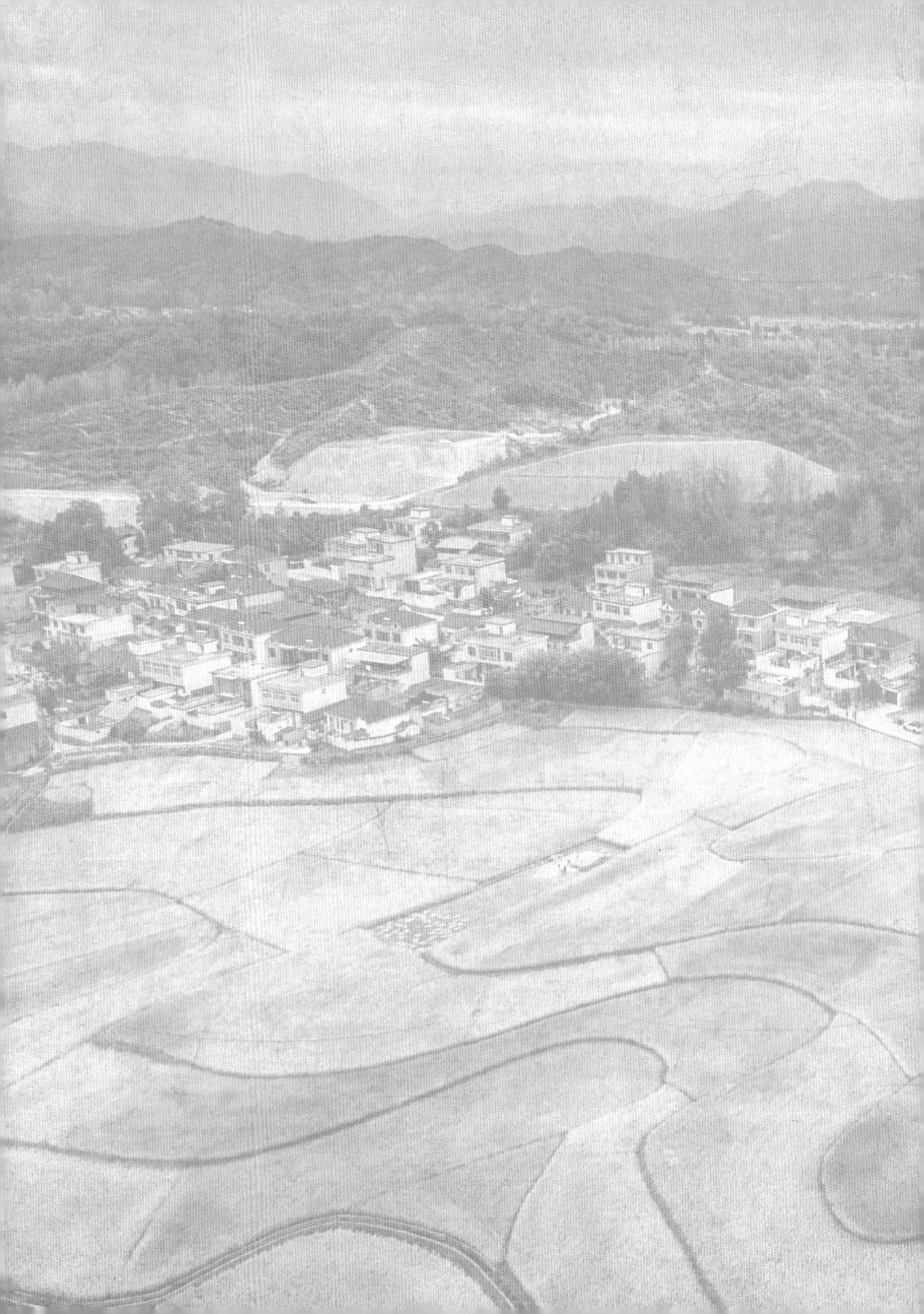

第七章 文化之乡 魅力无限

文旅融合发展,赋予厚重墨子文化鲜活的生命力

科学规划,赋予墨子文化之乡辉煌璀璨的发展前景

弘扬墨子文化,实现优秀文化创新性发展、创造性转化

第一节 自然与人文融合发展的墨子文化旅游

（一）墨子古街 惊艳亮相

中国墨子文化旅游区位于风光旖旎的尧山脚下、滍水河畔。

古圣先贤墨子，哲学思想博大精深，科技发展成就辉煌灿烂。墨子故里旅游资源丰富，自然风光与人文魅力交相辉映。2016年，河南景晟投资集团依托中国墨子文化之乡，倾力打造中国墨子文化旅游区。墨子古街惊艳亮相，成为鲁山旅游新的亮点。

步入景区，漫步通过古色古香的沙河大桥，缓步走下台阶，迎面为墨子雕像。墨子雕像通高3.9米，身高3.5米，用花岩青石雕刻而成。身后有墨子语录摘要书卷，左右两侧放置的也是春秋战国时期的石质"竹简"。

墨子文化体验园精心设计建造了能突出表现春秋战国时期建筑特色的汉阙古建筑群落，内设墨子文化馆、名人赞扬评价墨子丰功伟绩的碑廊、墨子蜡像馆、墨子动漫文化影视长廊、铁匠炉、陶瓷坊、丝染坊、纺织院、兼爱楼、

墨子古街

诵《墨经》活动

劝教园、鲁班馆、百工坊等，声、光、电色彩斑斓陆离，书法、绘画、雕塑，融合影像、戏曲、舞蹈等各种艺术形式，多维度、全方位展示墨子"兴天下之利，除天下之害""兼相爱，交相利""兼爱、非攻、尚贤、节用"和反对侵略、倡导和平的忧国爱民思想。

墨子古街以墨子时期崇尚节俭，追求古朴、粗犷自然的建筑风格为基调，以墨子"兼爱、非攻，尚贤、节用"等十大思想主张为文化脉络，沿中华名吃一条街、特色购物一条街、漳水河岸墨子客栈、小火车窄轨铁路、四合院老作坊依次展开。

景区西北部有墨公祠，内有墨公坐像供大家瞻仰与祭拜。

（二）尧山传奇 打造经典

景区春夏秋开放。每天上午举行隆重、盛大、仪仗威严的墨子开门迎宾仪式。"墨子"身着皂衣，手执长剑，仪态威武，正气凛然，带领众学子、巨子，英姿飒爽，在演武场上摆开仪仗，宣讲"兼爱、非攻"的政治主张、"入守则固，出诛则强"的治国强军理念及"赴火蹈刀、死不旋踵"视死如归的为国牺牲精神。

鸟瞰鲁山县城

　　景区内上演大型综合文化节目《尧山传奇》。序幕"尧神击壤",展现了鲁山的先民在尧神的带领下艰难快乐地生存并创下史前文明壮丽史诗;第一章"墨圣灵光",表现先贤墨子"兼爱、非攻"的哲学思想和成就;第二章"仙凡情缘",表现牛郎织女爱情故事的坚贞柔美;第三章"琴台善政",盛赞爱民如子的古代官员元德秀;第四章"丝路探源",彰显我们先民在养蚕织绸、烧造陶瓷等社会发展成就;尾声"大美尧山",描绘了鲁山钟灵毓秀、风光旖旎的壮丽景象。

(三)感悟体验 愉悦身心

　　中国墨子文化旅游区颇受人们青睐。游客徜徉其间,坐着小火车,聆听

老戏楼的鼓儿词,观赏街头的糖人戏耍,眺望滍水河上竹筏小舟,粼粼波光,映衬着游船灯火,在墨子古街的集市盛况中找回童年的乐趣,在愉悦身心的旅游文化体验中深刻感知墨子学说的思辨邈远、墨子思想的博大精深,特别是"自苦为极,摩顶放踵,赴火蹈刀,死不旋踵"的自我牺牲侠义精神,真可谓不虚此行。

(四)姬朝教子 今成景区

《左传·昭公二十六年》记载,公元前516年,周王子姬朝带领旧臣、百工,并携周朝全部典籍文献、玉玺等,逃出洛阳,来到楚国之北的鲁阳尧山墨箕家停留,并在此处办学讲道。后人为纪念王子朝的办学功绩,为王子朝修庙供奉,因他是排行老二,故称"二郎庙",并把他办学的地方起名叫"教子沟""墨子岭",并流传至今。

2016年秋,尧山镇尧山村村民集资,在墨子岭建造墨子文化故事园,定名为墨子岭风景旅游区。墨子岭风景旅游区东山门位于教子沟口,西山门位于南大沟口。东西山门各设两尊墨子雕像,高5米。整个旅游线路沿山谷展开,山高林密,风景秀丽。景区融合了墨子文化,内容包括墨子故事、墨子名言、历史名人评价墨子、墨子传说故事等。2017年5月1日试开放营业。

第二节 墨子文化与旅游融合发展

(一)品味美食 感悟文化

美食,始终是舌尖上的终极追求。依托墨子文化,鲁山连续举办数届墨子文化美食节。美食季从6月持续到8月。整个美食季期间,啤酒节、文化行、走灯拜月鹊桥会等各种精彩纷呈的主题活动先后登场,游客不仅能够品尝到来自全国各地包括宝岛台湾的地道特色美食,更有印象尧山水世界、田园牧

康庄大道

歌爱情谷、实景演出等诸多精彩项目次第呈现。游客们游墨子古街,抽汽车大奖、晒古街美食、赢千元现金,大家乐在其中,在休闲娱乐中感悟墨子文化魅力。

(二)金秋时节 体验传奇

2020年起,连年举办鲁山墨子文化旅游区"金秋传奇"文化节。文化节由平顶山市文广旅局、中共鲁山县委宣传部、平顶山市尧管局主办,鲁山县文广旅局、尧山镇人民政府、鲁山县文联、鲁山县炎黄文化研究会、河南尧山墨子文化旅游服务有限公司联合承办,丰富了旅游产品,创新了旅游业态,更进一步宣传弘扬墨子文化。其间,鲁山推出墨子文化唱大戏、《墨子智斗公输班》等节目,推广以墨子文化为代表的优秀传统文化。

(三)墨子故里 全域旅游

依托丰富的墨子文化,丰富发展全域旅游。到尧山镇看墨子故里遗址,到熊背乡看墨子洞、土掉沟、黑隐寺,到赵村镇看墨子坊、染布坑,去团城

田园新曲

第七章 文化之乡 魅力无限

乡登棋盘山看棋盘石,金秋时节,文殊寺里看银杏树等保留性墨子文化遗迹游,成为喜欢文化旅游的游客鲁山文化旅游最佳选择。

(四)量子卫星 文化结缘

2016年8月16日,世界首颗量子科学实验卫星"墨子号"发射升空。墨子故里河南省鲁山县人民获悉"墨子"号量子科学实验卫星成功发射,县委、县政府、中国墨子研究中心向中国科学院、酒泉卫星发射中心致函表示祝贺。酒泉卫星发射中心给墨子家乡鲁山回复感谢信,之后两地多次互动。为纪念墨子号量子科学实验卫星成功发射,弘扬墨子文化,中国墨子文化旅游区在景区大门口建造了发射"墨子号"量子科学实验卫星的东风火箭模型与"墨子号"量子科学实验卫星模型。火箭模型底座四周,镌刻了鲁山与酒泉卫星发射中心互动的信函。

第三节 保护现状与发展规划

(一)墨子故里 基础建设

2005年3月,投资200万元,绿化尧山墨子故里,2006年修建墨子故里尧山水泥道路。重建了墨子著经阁,矗立了墨子像、"墨子故里"碑等,在县城建设了墨子商场、修建了墨公路。2005年3月,县政府投资200万元,在鲁山尧山墨子遗址搞风景区绿化。

(二)文化之乡 考古发掘

1993年,县文物所对黑隐寺遗址墨子洞进行清理,发现战国时期陶器4件,夏商时期石器4件,战国时期铁器1件,由县文管所保管。2001年8月,鲁山县政府公布"相家沟、中汤、板房、墨庙"遗址为县级文物保护单位,竖立标志碑,划定范围予以保护。县文化局成立尧山遗址文物保护管理所。

(三)文化研讨 文艺助力

1987年,在鲁山县文化局、组织主持下,开展墨子文化的搜集整理工作。1991年,成立"鲁山县墨子研究会筹备工作领导组",卓有成效开展工作,接待中外墨子专家来鲁考察数千人。1997年，承办河南省墨子学会成立大会暨墨学研讨会。2000年，中国电信总局在鲁山举行首发式，发行《中国古代思想家》邮票"墨子"，首日封邮戳为"鲁山尧山"。2004年，举办了"墨学与现代社会"国际学术研讨会。2005年7月，县政府拨专项经费20000元筹备成立鲁山县炎黄文化研究会，将鲁山县"墨子文化研究开发"工作列入县文化界人士主要研究课题。2006年8月，县政府拨款15000元，支持县炎黄文化研究专业人员从事历史、考古、文物工作，对墨子文化进行深层次的全面研究。2007年9月，中共鲁山县委宣传部、县文联、文化局、尧山镇党委、政府，联合邀请市县专家学者举行研讨会，分别介绍墨子文化研究成果，具体部署墨子故里、墨子文化的研究、开发工作。出版墨子文化研究专著十余部，在墨学界产生广泛的影响。2007年8月，出版《鲁山民间故事》集，收录墨子传说。2008年承办了"墨学与和谐世界"国际学术研讨会。2008年，鲁山县人民政府投资200万元拍摄了数字电影《墨子》。2008年3月，鲁山县人民政府及中共鲁山县委宣传部、文联、文化、广电、尧山镇党委、政府筹资10万元，举办"鲁山县墨子故里红叶节"。2012年，县政府申报"中国墨子文化之乡"。

（四）科学规划 突出特色

把墨子文化、墨子故里研究列入县社会科研和民间文化研究攻关项目，编辑出版《中国·河南鲁山墨子文化研究论文集》等，巩固研究成果。面向社会公开征集墨子形象设计方案。在鲁山县城与尧山镇、赵村镇等地竖立墨子塑像。发挥融媒体作用，利用电视、微信公众号、鲁山简报、画册、演讲会、知识竞赛等多种方式，宣传墨子文化。组织动员民间文艺工作者收集整理与墨子文化、墨子故里有关的民间故事、地名掌故、民谣儿歌等并结集出版。创作《墨子》戏剧剧本和电视连续剧剧本。注册涉及墨子内容的商标、域名，进行知识产权保护，并开发相关产品。建好墨子数据库。

恢复建设墨子故里、墨子书院、墨灵学馆、墨子坊、墨庙、黑隐寺、墨子著经阁等基本建设项目。在鲁山尧山、下汤建设墨子文化园区，形成以墨子文化为主的旅游、参观、展览、祭拜景点。加强对墨子遗址的保护，划出重点保护区域，对墨子遗址做进一步调查、发掘。举办一年一度的农历九月

中国墨子文化之乡——河南鲁山

尧山胜景

初八墨子诞辰系列纪念活动。召开墨子文化研讨会,进一步做好墨子文化的开发利用,打造出具有地域特色、世人广泛关注、影响日益增强的文化品牌,使墨子故里成为中国墨子文化的保护中心、研究中心、展示中心,成为中国墨子文化的传承基地。

(五)墨子故里 发展展望

"中国墨子文化之乡"作为鲁山县重点文化项目之一,对于搭建文化发展平台,展示鲁山历史文化精品,打造旅游文化品牌,提升城市文化品位,意义重大。鲁山作为文化资源大县,致力于发展文化产业,传承历史文化,弘扬历史文化精神,为和谐社会建设发挥重要作用。未来,鲁山将以县城为中心,以县城东鲁峰山、县城西尧山镇等地为两翼,大力发展牛郎织女文化

和墨子文化。其中，实施墨子文化项目建设，实现传承墨子文化、打造文化产业、发展文化经济目标，为实现"生态文化美丽富强"新鲁山建设做出重要贡献，提升当地文化及旅游建设中的良好形象。

第七章 文化之乡 魅力无限

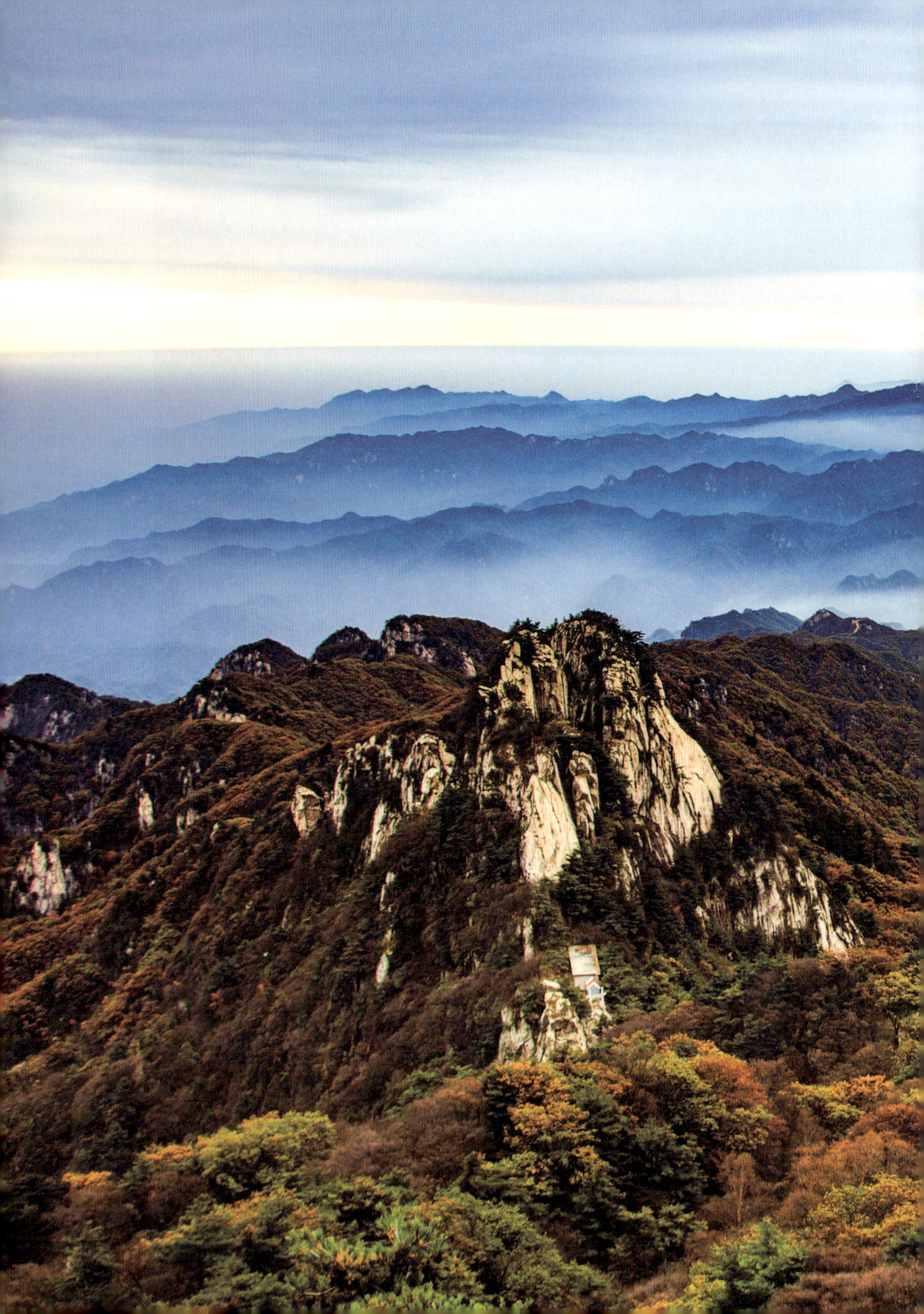

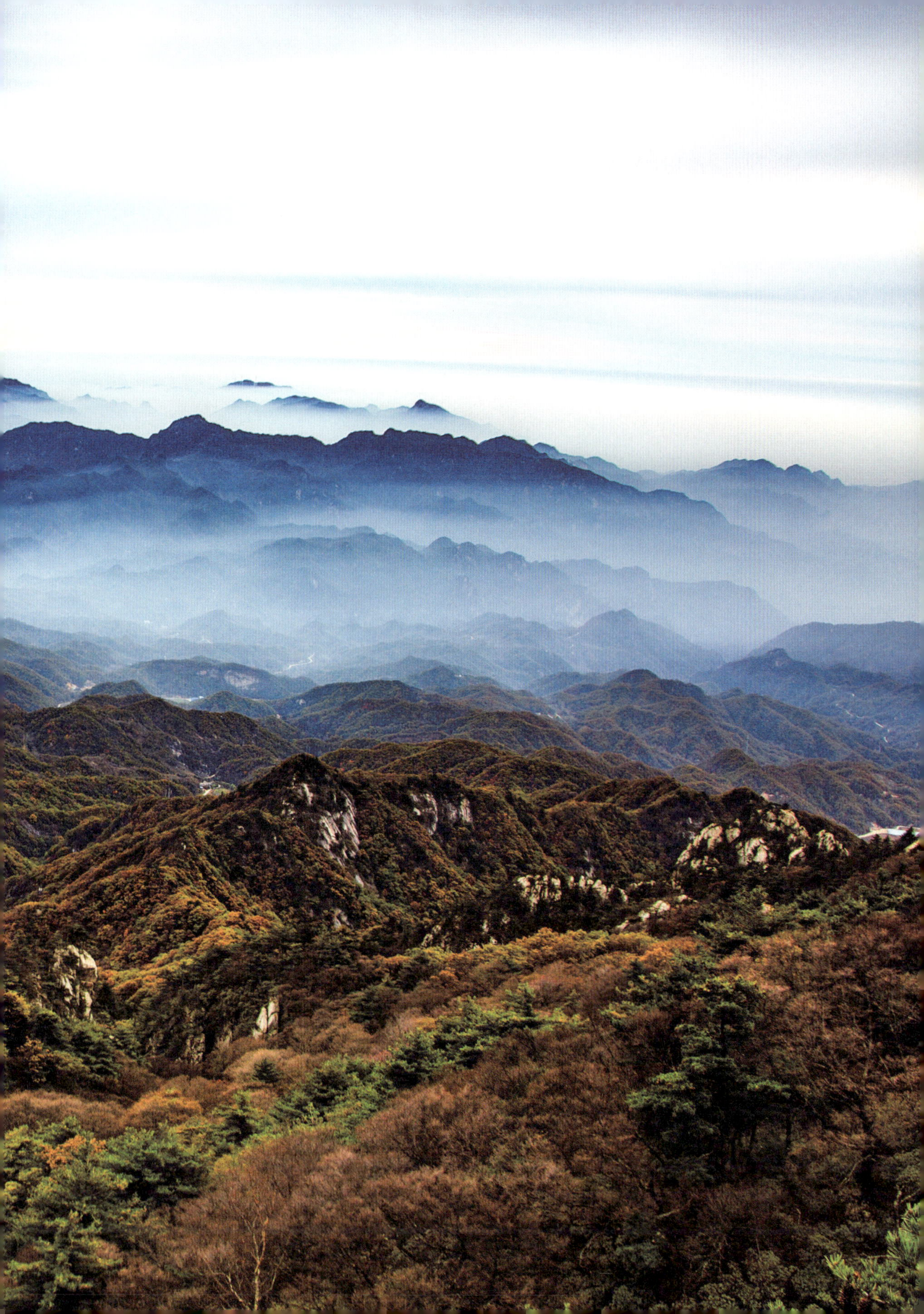